WORLD FIGURE SKATING 別冊

# 町田樹の世界
## TATSUKI MACHIDA

# Contents

**巻頭インタビュー**
### 町田 樹 最後の作品を語る 6

**誌上上演**
### 《ボレロ：起源と魔力》 10

**スペシャル対談**
### 高岸直樹×町田 樹 《ボレロ》の魔力に魅せられて 34

### 厳選パフォーマンス・セレクション 42
白夜行／エデンの東／火の鳥／エデンの東 セレブレーション／Je te veux
ヴァイオリンと管弦楽のための幻想曲／交響曲第9番／継ぐ者／あなたに逢いたくて／アヴェ・マリア
ドン・キホーテ ガラ 2017：バジルの輝き／白鳥の湖：ジークフリートとその運命

### Message for TATSUKI MACHIDA
#### 町田樹さんへのメッセージ
松田聖子 72／河野 伸 74／中村祥子 75／武田砂鉄 76
クリス松村 77／佐藤紀子 78／小林宏一 79／芳賀竜也 80
大西勝敬 81／フィリップ・ミルズ 82

**REVIEWS**
### 《継ぐ者》から《ボレロ：起源と魔力》まで 84

**読者投稿企画**
### 町田樹振付作品に贈る言葉 88

おもなプログラムリスト 94

《白鳥の湖：ジークフリートとその運命》　　©S.Iba/Japan Sports
表紙：《白鳥の湖：ジークフリートとその運命》　©Y.Wada/Japan Sports
扉：《白鳥の湖：ジークフリートとその運命》　©J.Song/Japan Sports
裏表紙：《ボレロ：起源と魔力》　　©S.Iba/Japan Sports

作品ごとに表情をさまざまに変える表現力あふれる滑りと、
その感性の豊かさを伝えるインタビューでの言葉。
これまでのどのスケーターとも異なる、新たな個性の出現を感じさせた町田樹。
2014年、ソチ・オリンピック代表に選ばれ、初の世界選手権で銀メダルをその手に勝ち取る。
いよいよその才能を開花させたと思わせた矢先の突然の現役引退——。
驚き悲しんだ者も多かったが、しかし、町田樹が真に本領を発揮したのはその先だった。
研究者としてと同時にプロスケーターとしての活動を開始。
「フィギュアスケートは総合芸術である」
その信念に基づいて自ら振付け自ら演じた作品の数々は
音楽や舞踊と交響しながらフィギュアスケートの可能性を探求し、
見る者の心を深く深く揺さぶるものだった。
プロになって4年、町田樹はまたもや決断を下した。
スケーターとしての引退宣言。
「今回も、さようならは言いません。
これからも真摯にフィギュアスケートと向き合っていきたいと考えています」
2018年、10月6日最後の日を前に、
アーティスト、町田樹のこれまでの軌跡をここに讃える。

# Interview
# TATSUKI MACHIDA
# 町田 樹
## 最後の作品を語る

2018年10月6日、カーニバル・オン・アイスでフィギュアスケーターとしての活動に
終止符を打つ町田樹。演者として最後に披露するのが《人間の条件》——。
いったいどんな作品なのか、運命の日を前に本人が振付について明らかにする。

写真：伊場伸太郎（ジャパンスポーツ）　Photos by Shintaro Iba/Japan Sports

### 《人間の条件》とは何か

—— 10月6日のカーニバル・オン・アイスで披露される、町田樹さんの最後のパフォーマンスとなる新作は、《人間の条件》と名づけられています。どんな作品になるのでしょうか。

**町田**　音楽は、グスタフ・マーラーの交響曲第5番第4楽章「アダージェット」（初演1904年）です。

—— ヴィスコンティの映画「ベニスに死す」で使われたことでも有名な美しい曲ですね。演奏時間はたいてい10〜11分くらいですが、まさか全曲ですか？

**町田**　自分の身体的制約もあり、少しだけ編集して9分半にしました。自分の振付作品のなかでも最長です。

—— なぜマーラーの「アダージェット」を選んだのですか？

**町田**　制作陣と話し合い、カラヤンが1973年8月にザルツブルク音楽祭でベルリン・フィルを指揮した録音を使用しました。ライブ音源なので雑音も入っていますが、それでもこの演奏がもっともふさわしいと考えました。《アダージェット》と言えば、《ボレロ》同様、バレエではベジャール作品が思い起こされます。「アダージェット」は、マーラーが最愛の妻アルマに結婚を機に贈った音楽とも言われていて、ラヴレター的な、幸せでポジティヴな意味合いが感じられる演奏が多い。それはもちろん素晴らしいのですが、ベジャールが振付けた《アダージェット》は明らかにそうではない。ベジャールは何を描き出そうとしたのかと考えたときに、「人はいかに生きていくべきか」というコンセプトを感じたということもありました。今回改めてジョルジュ・ドンが踊る《アダージェット》を見直して、その深さに目を見張りました。演者としてのドンも素晴らしいし、音楽をこのように解釈したベジャールもすごい。もちろん直接的な関わりがあるわけではないけれど、インスピレーションはもらっています。

—— 「アダージェット」は、フィギュアスケートでもこれまでに何度か取り上げられていますね。

**町田**　フィギュアスケート界においては、ヴァーチュー＆モイアが2010年のバンクーバー・オリンピックのときに使いましたけれども、彼らのパフォーマンスは、音楽史上で言われている、愛する人への贈り物としての《アダージェット》というニュアンスが込められていました。いっぽうでロシアのエカテリーナ・ゴルデーワが1996年に滑った《アダージェット》では、彼女は亡くなった最愛の夫（故セルゲイ・グリンコフ）へのレクイエムとして演じています。「アダージェット」をめぐっては身体表現の分野でもいろいろな解釈がされている。そのなかで我々が「アダージェット」をどう解釈し、氷上に体現するかといったら、おそらくベジャールやゴルデーワのような解釈が非常に近い。もちろん全く一緒ではないけれども、非常に近縁に位置しているのではないかと考えています。

最近も北海道で大地震が起き、西日本を台風が襲って大変でしたが、本当に人生は思いがけないことが沢山起こりますし、思い通りにならないことがほとんどです。こうした天災がなくても人生では、ときに不条理な状況に突然立たされたりもします。誰もが過酷な人生なんだけれども、人は生き続けなければいけない。そういう人間の運命や生きることの尊厳をコンセプトにすることで、我々は《人間の条件》という題名に至りました。そういう思いをこめて届けたいと、マーラーの「アダージェット」を選んだのです。

—— そういうご自身の思いと「アダージェット」の音楽が切り結んだのですね。

**町田**　ええ。さらに言えば、「アダージェット」とは直接的には関係ないのですが、小説家・開高健の言葉が自分のなかで非常に響いています——

　　明日、世界が
　　　滅びるとしても
　　今日、あなたは
　　　りんごの木を植える

という銘句です。これがすべてを物語っ

ていると思っています。「たとえ」明日世界が滅びるとしても、「それでも」人間は生きなければいけない。運命に抗するそういう人間の意志の強さとか尊厳といったものを、このプログラムで表現したいのです。

実は自分が、これまでの7年ほどで演じた諸作品を振り返ったときに、いくつかの系譜があることに気づきました。《Je te veux》《ヴァイオリンと管弦楽のための幻想曲》《あなたに逢いたくて》の悲恋三部作もそうですが、一方、《エデンの東》《第九》《継ぐ者》は「人間はいかに生きていくべきか」を考えた作品群です。その延長線上にこの《人間の条件》もあると思っています。《エデンの東》と《第九》と《継ぐ者》と、それぞれがすべて《人間の条件》に集約していく。だから、なぜ「アダージェット」を選んだのかと問われれば、ここに「導かれた」と答えるしかない。これまでの自分の活動を振り返ったときに、これは必然だったのかなと思うのです。

## 1人の人間の姿を
## 目に焼き付けてほしい

―― 苦悩のなかにも最後は救いがあるのでしょうか？

町田　いわゆる他者による、約束された救いはないんですよ。ベジャールの《アダージェット》も救いはないんですよね。我々はそうではなくて、開高健の言葉が指し示しているように、たとえ絶望のなかに置かれたとしても生きていく――神に見放されようが、どん底に立たされようが、どんなに高く厚い壁が自分の前に立ちはだかろうが、それでも前へ進んで行くという人間の尊厳を表現する。たとえ救いがなかったとしても、です。そこが私たちの「アダージェット」の解釈です。カラヤンの音源がそういう思いに至らせるんですよね。愛する人への贈り物としての「アダージェット」ではなく、神、あるいは運命の支配者との対話が感じられるし、そういう哲学的な思考の軌跡がある種の緊迫感を伴って演奏されていく。まさに我々の《人間の条件》にもっとも適合する演奏だったと言えます。

―― 「アダージェット」ではレナード・バーンスタイン指揮ウィーン・フィルの演奏が有名ですが、カラヤンの演奏はまったく違うのですか？

町田　もっとも有名な「アダージョ・カラヤン」というベスト盤CD（Grammophon, 1995年）にも「アダージェット」（1973年2月録音）が入っていますが、それとは別の演奏なんです。「アダージョ・カラヤン」の演奏ももちろん素晴らしいんですけれども、私たちが選んだ演奏は終盤にもう1つ局面がフッと変わる、そういうテイストになっています。我々のストーリーラインというかコンセプトを体現するにはどういう音楽構成がいいかと考えるなかで、その演奏の原曲を8個のパートに分けました。最終的に1分間くらい削る必要があるとわかったとき、8個に分けたパートのうちのひとつだけ抜いたんです。それでも、音楽編集の矢野桂一さんのおかげもあって、原曲の流れを損なわないかたちで、ごく自然に構成されていると思います。

―― 演技もその7つのパートに分かれると言っていいのでしょうか。

町田　まさにそうです。そのなかで人間と神（運命の支配者）の対話が起こっていく。音楽的にはたゆたうような非常にゆっくりとしたもので、それはもっともフィギュアスケートが得意とする音の旋律です。しかし、それでもテンポがあまりにもゆっくりなんですね。これまで振付家としての私は、考え抜いた上で、いかに音楽を可視化（ヴィジュアライズ）するかに注力してきました。しかし、この作品では一転して、その音楽の1音1音が持つ意味を深く考え、それをそのまま身体の動きとして構成しています。音楽の可視化というよりも、音楽解釈を身体運動にいかに落とし込んでいるか、ということが今回は大事なのです。このように、振付の特徴としてはいままでとは違う音の取り方に趣向を凝らしているので、ぜひ注目してほしいと思います。

―― 音楽のなかに潜んでいる物語を掬い取って、それを氷の上に乗せるということですね。

町田　そうですね。もちろん今までの作品でもそれを試みてきていますが、でも例えば《ボレロ》をそういうふうに作ったところで、「お前は音楽をちゃんと聴いているのか」と言われかねない。（笑）音そのものをいかに描き出せるかが《ボレロ》においては大事でした。《ドン・キホーテ》においても同様でした。でも、《アダージェット》においては、より音楽は寛容ですよね。自由な選択肢を振付家に与えてくれている音楽だと思います。ただし、優雅に踊っているだけでは、陳腐な作品になってしまうでしょう。その1音1音が持っている意味を咀嚼して、音そのものに同調させるのではなく、音の持つ意味を動きにするということが、今回の振付のポイントでした。

―― 最後の作品で、振付家としての飛躍ですね。

町田　間違いなく、今回も自信をもって「総合芸術としてのフィギュアスケート作品」を世に送り出せると思います。照明も、演出も、すべてさいたまスーパーアリーナだからこそできるものになっています。そういう意味でも、総合芸術としての《アダージェット》をぜひ堪能していただきたいと思います。見ている方々には全身で氷の上に現れる1人の人間の姿を目に焼き付けてほしい。それは町田樹を目に焼き付けてほしいということではまったくありません。不条理な運命を前にしても1歩踏み出していく、1人の人間の姿をぜひ目に焼き付けてほしいと思います。

―― その人間というのは見ている人自身でもあるということですね。

町田　まさにその通りです。共感してくださる方がひとりでも多くいれば、これ以上うれしいことはないと思います。

## 照明と音楽の交響

―― 照明に関しても、《スワン・レイク》も《ボレロ》も非常に工夫されたものでしたが、《人間の条件》は？

町田　今作でも、照明がもつ効果は絶大だと思いますから、そこは緻密に組み上げていくつもりです。私もいまから楽しみですよ。間違いなくさいたまスーパーアリーナのあの広大な空間でしか成し遂げられない照明になると思います。私自身が元来、照明に魅せられてきましたし、その効果は絶大だと思ってきましたが、昨年の《スワン・レイク》でここまでできるんだと改めて照明の魔力を痛感させられました。あの《スワン・レイク》の照明があったからこそ、今回の照明のアイデアが浮かんだのだと思います。この4年間、共に舞台を作ってきたスタッフの方々だからこそ、すべてを信頼してそれぞれの役割をお任せできました。

―― 町田さんは昔から照明に興味があったのですか？

町田　私は昔から音楽と照明には魔力があると思っているんです。東野圭吾さんに『虹を操る少年』という、光のエクスタシーに関する小説があって、そういうものを読んだりもした。一方でサブカルチャーも好きですから、クラブのような場における照明にも興味がありました。照明は、演者も、もちろん見る人にとっても、非日

常の空間に一気に移送してくれる要素だと思っています。

昔はショーに出させていただいているあいだも、この照明機材はこういう力を発揮できるのかとか、こういうふうにスモークを焚くとこんな光の柱ができるのかとか、1つ1つ自分で見ながら覚えていきました。同じ振付でも照明を変えたらガラッと印象が変わります。大道具としての舞台装置が使えるバレエや演劇とは違って、フィギュアスケートには照明しかないですからね。照明まで演出して初めて作品を振付けたことになるのではないかと私は考えています。

私はいつも音楽を聴くと、色とか、情景とか、身体の動きとかのイメージが脳裏にありありと浮かんでくるんです。だから耳だけでは聞いていなくて、必ず視覚的な感覚でも聴いていました。小さいころは車での移動が多かったので、その移動時間はずっと音楽を聴いていたんです。そのときから、車窓に流れてゆく夜景を眺めながらこういう照明があったら面白いなとか考えていました。そういうかつての想像力が、現在の自分を作っているのかなと思います。

—— 実際に振付作品にそれが表れています。

**町田** 氷上を見ている人がもっとも照明の美を観賞できると思うんですね。それは演者には決して体感できないことです。それゆえに、必ず照明だけのリハーサルを私は行います。それをリンクサイドで見ていると本当に素晴らしくて、もう自分が滑らなくてもいいんじゃないかと毎回思わされています。(笑)

—— ところで《継ぐ者》ではジャンプが、《ボレロ》ではコンパルソリーが作品のひとつのテーマになっていました。そういう意味でのテーマは《人間の条件》にもありますか?

**町田** 具体的なことは10月6日まで明かせないですが、たぶん間違いなく25年パフォーマーとして培ってきた技術と、《ボレロ》まで8作創作してきた振付家としてのノウハウすべてを注ぎ込んだ、本当に言葉の通りの集大成になる作品だと思います。ずっと私たち制作陣の作品の軌跡を見てくださった方にとっては、いろいろな気づきもあるんじゃないかなと思います。

—— パフォーマンスを拝見するのが楽しみになってきました。イギリスの文人ウォルター・ペイターに「すべての芸術は音楽の状態に憧れる」という文章(『ルネサンス』)がありますが、これまでの町田さんの振付作品すべてを貫いている言葉ではないでしょうか。

**町田** とても美しい言葉ですね。ありがとうございます。かつて哲学者であり経済学者でもあるアダム・スミスも、哲学書のなかで「詩と音楽と舞踊は姉妹芸術だ」と言っています。「ただし、舞踊は音楽とともにしか生存できない」とも。私もまさにそうだと思っています。フィギュアスケートや舞踊はだからこその困難を抱えているんですけれど……。もちろん無音楽のダンスという現代的実験も大変興味深いです。でも少なくとも私にとってフィギュアスケートは25年間いつでも、音楽、衣裳、照明が織りなす交響の世界が夢であり、理想でした。スポーツと芸術とエンターテインメントのはざまでいかに多くの方々を魅了できるか、フィギュアスケートの未来はそこにこそあると思っています。

—— 今日はありがとうございました。

誌上上演

## 《ボレロ：起源と魔力》
### BOLÉRO : origine et magie

2018年4月28日、『プリンスアイスワールド』で初演された《ボレロ：起源と魔力》。
ベジャール振付のバレエでも知られる、モーリス・ラヴェルの名曲「ボレロ」から、
町田樹はフィギュアスケートの魅力に取り憑かれた1人の男の物語を紡ぎ出した——

写真提供：プリンスホテル　撮影：ジャパンスポーツ

《ボレロ：起源と魔力》（2018年プリンスアイスワールド横浜公演）　© J.Song/Japan Sports

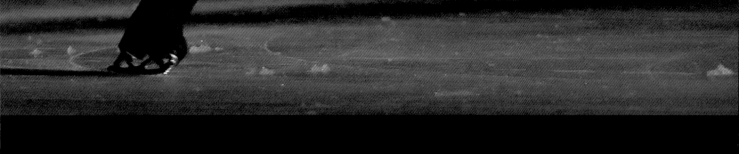

《ボレロ：起源と魔力》（2018年プリンスアイスワールド横浜公演） ©S.Iba/Japan Sports

《ボレロ：起源と魔力》（2018年プリンスアイスワールド横浜公演） ©S.Iba/Japan Sports

4点とも《ボレロ:起源と魔力》(2018年プリンスアイスワールド横浜公演) Photos © Y.Wada/Japan Sports

〈ボレロ：起源と魔力〉〈2018年プリンスアイスワールド横浜公演〉 ©Y.Wada/Japan Sports

《ボレロ:起源と魔力》(2018年プリンスアイスワールド横浜公演) ©S.Iba/Japan Sports

《ボレロ：起源と魔力》（2018年プリンスアイスワールド横浜公演） ©M.Sugawara/Japan Sports

レロ：起源と魔力》（2018年プリンスアイスワールド横浜公演）　©J.Song/Japan Sports

〈ボレロ：起源と魔力〉（2018年プリンスアイスワールド横浜公演） ©S.Iba/Japan Sports

《ボレロ：起源と魔力》（2018年プリンスアイスワールド横浜公演） © J.Song/Japan Sports

《ボレロ：起源と魔力》（2018年プリンスアイスワールド横浜公演） ©J.Song/Japan Sports

《ボレロ：起源と魔力》(2018年プリンスアイスワールド横浜公演)　©J.Song/Japan Sports

:起源と魔力》(2018年プリンスアイスワールド横浜公演) ©S.Iba/Japan Sports

《ボレロ：起源と魔力》（2018年プリンスアイスワールド横浜公演） ©J.Song/Japan Sports

《ボレロ:起源と魔力》(2018年プリンスアイスワールド横浜公演) 左上、左下 © J.Song/Japan Sports 右上 © Y.Wada/Japan Sports 右下 © S.Iba/Japan Sports

(ボレロ:起源と魔力)(2018年プリンスアイスワールド横浜公演) ©M Sugawara/Japan Sports

《ボレロ：起源と魔力》（2018年プリンスアイスワールド横浜公演） ©M.Sugawara/Japan Sports

《ボレロ：起源と魔力》（2018年プリンスアイスワールド横浜公演） ©J.Song/Japan Sports

〈ボレロ：起源と魔力〉(2018年プリンスアイスワールド横浜公演) ©S.Iba/Japan Sports

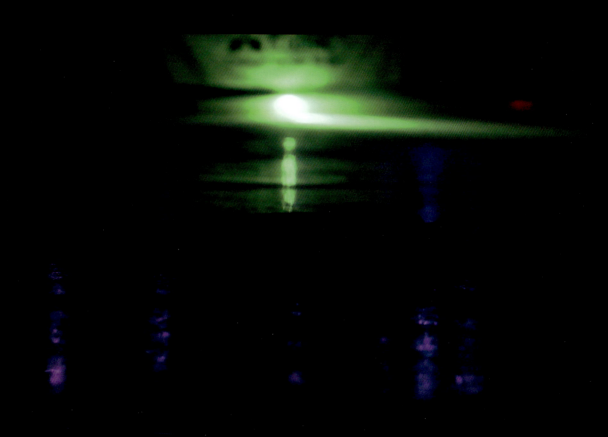

《ボレロ：起源と魔力》（2018年プリンスアイスワールド東京公演）　© S.Iba/Japan Sp

# Boléro SPECIAL TALK

# 高岸直樹
NAOKI TAKAGISHI

# 町田 樹
TATSUKI MACHIDA

## 《ボレロ》の魔力に魅せられて

ベジャール振付の《ボレロ》を長年踊り続けてきたダンサー、高岸直樹と
フィギュアスケートの世界で革新的な《ボレロ》を発表した町田樹。
町田が東京バレエ団の舞台を観に行ったことがきっかけで親交が始まった
2人のアーティストが作品の魅力を語りつくした！

写真：和田八束（ジャパンスポーツ）　Photos by Yazuka Wada/Japan Sports

## ジョルジュ・ドンに伝授された《ボレロ》

**町田** 高岸直樹さんはモーリス・ベジャール振付《ボレロ》を日本人として初めて踊った、しかもジョルジュ・ドンさんから直々に《ボレロ》を伝授された方です。先日、高岸さんが踊る《ボレロ》の映像を見せていただいたんですが、あれはいつごろの舞台ですか。

**高岸** 1990年1月の神奈川県民ホールの開館15周年コンサートに東京バレエ団が出演したときの映像ですね。その前の年の11月にベルギーのブリュッセルで初めて《ボレロ》を踊って、その凱旋公演みたいな感じかな。

**町田** 90年は私が生まれた年です。

**高岸** うわ！ 生まれた年なの？（笑）

**町田** はい、新書館さんのDVDに「ジョルジュ・ドン 日本最後の《ボレロ》」があって、ドンさんが日本で《ボレロ》を踊ったのがその年の3〜4月。3月がちょうど私が生まれた月です。

**高岸** そうだったんだ。

**町田** 《ボレロ》はある種の舞踊の魔力みたいなものを秘めていて、円卓の上でひとり踊るメロディ役のダンサーが、リズムと呼ばれる群舞を引き連れていく。観衆も赤い卓上のダンサーにどんどん魅了され、吸い寄せられるような引力を持っていると思うのですが、高岸さんの踊るメロディはまさにそれを強烈に感じました。群舞も高岸さんにどんどん触発されて高まっていくのがよくわかる。メロディと群舞の対話がしっかり成立していて、相乗効果のように最後のクライマックスに向かって高まっていくのが見える映像で、本当に感激しました。アップの画と引きの画と、いろいろなアングルを見せていただいて、踊っている瞳に吸い込まれそうになるし、男性として美しい身体で情熱のままに踊られていて、画面越しですけれど本当にどんどん吸い寄せられていく自分がいた。私にとって、いちばん好きな《ボレロ》だったかもしれない。もちろんジョルジュ・ドンさんやシルヴィ・ギエムさんの《ボレロ》は伝説的だと思いますが、高岸さんの《ボレロ》も本当に心打たれました。自分が吸い寄せられながら、でもこれ以上吸い寄せられたら危ないという、危険な香りを強烈に放っていて、自分の身体に電撃が走った感じ。私がフィギュアスケートで《ボレロ》を演じるうえでも、非常に刺激になりました。

**高岸** 私も見直したんだけれども、ちょっと青いなと思ったというか。（笑）

**町田** そうですか？

**高岸** 青いし、若い。若いというのは年齢じゃなくて、踊りが若いなとすごく感じた。もちろん若さは若さなりにいいところもあるのはコンクールの審査員をするなかで感じていて、いまの年齢でしか出せないものをお客さんはダイレクトに感じ取りますからね。町田さんはそういうふうに受け止めてくれたのかもしれない。

**町田** いまはもうベジャールさんもドンさんも亡くなっていますから、ベジャールさんやドンさんに直々に《ボレロ》を伝授されたダンサーは日本でも数少ないと思うんですね。お2人からはどんなアドバイスがあったんですか。

**高岸** ベジャールさんって、最初はあまり何も言わない。でも、最初にドンさんに教えてもらったことが貴重なのかもしれないね。3日間で振付を覚えなくてはいけなかったんだけれども、ドンさんは最初の手の上げ方から形から細かく止めるので、なかなか先に進まない。（笑）

**町田** ドンさん自身も、たぶん《ボレロ》に並々ならぬ愛情を持っていたんでしょうね。以前にも少し伺いましたけれど、高岸さんと《ボレロ》の出会いって、ちょっとユニークなんですよね？

**高岸** 東京バレエ団でヨーロッパ・ツアーに2ヵ月間行っていて、そろそろ日本に帰るというときにベジャールさんからオファーが来たんです。「ドンさんが病気で《ボレロ》を踊れなくなったから、代役で踊ってくれないか」と聞いてブリュッセルに行ってみると、ドンさんはピンピンしているんですよね。（笑）ちょっと拗ねているような、ベジャールさんに対してわがままを言っているふうだった。「そんなに拗ねているんだったら、東京バレエ団がツアーで来ているから高岸直樹を呼んで踊らせるぞ」みたいな感じだったんだと思う。そんな状況だったからドンさんも怖いんです。表情をあまり変えずに「ノー」を繰り返す。そこまで粘り強く注意できるんだったら、「お願い、あなたが踊ってよ」と思ったくらい。（笑）

## 制御と解放のせめぎあい

**町田** ベジャールさんの数々の作品のなかでも《ボレロ》って、どういう作品なんですか。

**高岸** 私のなかでは本当に1、2を争う代表作だと思います。もう少し後年になると作品が哲学的な感じになっていったけれども、《春の祭典》とか、最初のころの作品はすごくパワーにあふれている作品が多かったと思う。やっぱりそういう作品に私は惹きつけられていくかな。人間が持っている本能のまま、音楽が鳴ったら自然に身体が動くというものがあったような気がする。

**町田** そのコンセプトで言うと、たしかに《ボレロ》は最たる例ですよね。

**高岸** そう。身体表現という意味で、シンプルなんだけれども深みがあって、ベジャールさんの代表作です。

**町田** 踊っていて大変だったことはありますか。

**高岸** 東京バレエ団の台はけっこう滑りやすい。裸足で踊るから、汗をかいたらツルツルになる。

**町田** 円卓は1個じゃないんですね。

**高岸** ベジャール・バレエにはベジャール・バレエの台があって、東京バレエ団には東京バレエ団の台があって、高さや大きさもちょっと違ったり、かすかに色も違ったりするんです。ベジャール・バレエで踊ったときは台がもうささくれている。

**町田** 痛そう。（笑）

**高岸** 痛い。裸足だから、スプリットをやったら、けっこう怪我していた。東京バレエ団の台はきれいにコーティングしてあるから、汗がついてきたら逆に滑りそうになる。（笑）円卓の色は赤に見えるじゃないですか。あれはじつは朱色で、ベジャールさんは日本の神社の鳥居をイメージして作ったそうです。

**町田** そういう意味では日本文化から非常にインスピレーションを受けていますよね。

**高岸** 私に対してはものすごくシンプルなアドバイスしかしなかったけれども、ベジャールさんはもっと本当に深いものを感じてやっているのかもしれない。神様との交信とかね。鳥居とかをイメージしているくらいだから。

**町田** じゃあ、ベジャールさんの《ボレロ》は日本でかなり深みを増したと言っても過言ではないんですね。

**高岸** ドンさんやギエムさんと東京バレエ団が日本全国をツアーして、みなさんが知ることになったと思うし。

**町田** リズム、つまり群舞の衣裳が統一されたのも日本なんですよね。

**高岸** 日本発でベジャール・バレエも上半身裸になった。もともとは1人1人バラバラにシャツを着ていたんだけれども、それではスタイルが古いんじゃないかという話になった。それで三宅一生さんにアドバイスを求めたら、ダンサーは裸が衣裳でそれに勝るものはないんじゃないかと言われて、現在のかたちになったんです。

町田　群舞が服を着ていると、いちばん最初のイダ・ルビンシテインの舞台、カフェで踊られた《ボレロ》に近い印象を受けるんです。でも、メロディと男性群舞の衣裳を統一することによって、一気にモダンで洗練された印象になって、まさにベジャールの《ボレロ》にふさわしいと感じました。

高岸　私がゲストで最初にメロディを踊ったときは周りのリズムは女性でした。メロディは男女ともに踊るんだけれども、リズムも男性版と女性版があるんです。十何年ぶりに女性が周りを踊るということで、女性ダンサーがすごく張り切っていた。リハーサルでリズムだけの踊りを客席から見たら圧倒的なパワーを持っていて、「うわ、これはやばいぞ、負けるぞ」と思ったくらい。白いレオタードに黒いスカートで、迫力ありましたよ。

町田　そのヴァージョンはもう、いまはやらなくなったんですか。

高岸　ひょっとしてそれ以来やってないのかもしれない。だからすごく貴重だったと思う。

町田　高岸さんはリズムをやったことは？

高岸　じつはある。（笑）首藤康之がメロディを踊ったときに、彼はずっと周りをやっていたから、そのパートが空いてしまう。それで私がやることになって。

町田　リズムはリズムでまた難しそうですね。最初から出ているダンサーは身体運動の強度も高いし、テクニシャンが必要だと思いますが、やっぱり難しいんですか？

高岸　メロディだと1人で踊るから振りを間違えてもどうってことないけれど（笑）、リズムだったらばれちゃう。私はみなさんに動きを合わせるのが苦手だから。

町田　ピルエットからすぐに次の動作に移るのを4人が完璧に合わせなくてはいけないので、テクニック的には「この部分はもしかしたらメロディよりも難しいのかもしれない」と思ってみたりします。メロディは踊っていてどんな景色が見えているんですか。

高岸　とにかく私はリズム1人1人の顔を見ていくようにしていた。それによって、みんなを1人ずつ自分のほうに引き寄せるように。

町田　それは映像からも感じました。1人1人を焚きつけるような、言ってみればちょっと挑発するようなテイストでした。

高岸　後ろや周りを見ているときは本当に1人ずつ見るような感じで、正面を見ているときはお客さんを惹きつけるように、そんな気持ちだった。

町田　最近の舞台と振付が少し違っていたことにも驚きました。この映像の後にどんどん変わっていったということですよね。

高岸　やっぱりドンさんがアレンジして変わっていった部分があったんじゃないかと思う。晩年のベジャールさんが初演の振りに戻したいとおっしゃったので、「あれ？　これって初演のままじゃないの？」と思って。（笑）とくに後半なんて、かなり違う。

町田　この映像はドンさんの意向が強い

モーリス・ベジャール振付《ボレロ》を踊る高岸直樹
© Kiyonori Hasegawa　写真提供：日本舞台芸術振興会

ヴァージョンということですね。

高岸　そう。ドンさんからも習っていたしね。ドンさんがアレンジした振付が、ずっと当たり前のようになっていたと思う。正統派の絵がピカソの絵になったくらい違う。

町田　映像の高岸さんからは原始的な感じを受けました。ギエムさんの《ボレロ》を見ると、機械式時計のように緻密で正確で、寸分違わずみたいな印象を受けて、洗練という言葉がぴったりだと思うんです。高岸さんの《ボレロ》は、原始的、魔術的、呪術的な踊りが卓上に表れていて、本当に吸い込まれてしまうように思えました。踊っているときの主観的な情感というか、基本的に《ボレロ》には魔術的な力

> シンプルなんだけれど
> 深みがあって、《ボレロ》は
> ベジャールさんの代表作です。
> ——高岸直樹

**高岸直樹**
京都府出身。1986年に東京バレエ団に入団。翌87年、21歳でベジャール振付《ザ・カブキ》の由良之助役に抜擢され、《ボレロ》《ドン・キホーテ》など、プリンシパルとして数々の作品に主演。東京バレエ団とともに世界各地で踊った。ハンブルク・バレエ、オーストラリア・バレエなど、海外への客演も多数。2015年、東京バレエ団を退団し、高岸直樹ダンスアトリエを設立。

モーリス・ベジャール振付《ボレロ》が、東京バレエ団〈20世紀の傑作バレエ2〉公演で、上野水香と柄本弾のダブルキャストで上演される。2018年11月30日〜12月2日、新国立劇場中劇場。[問]＝NBSチケットセンター03-3791-8888　https://www.nbs.or.jp

町田樹がプリンスアイスワールド広島公演で踊り納めた《ボレロ：起源と魔力》　©J.Song/Japan Sports

があるから、どんどんトランス状態に入っていく人もいると思いますが、高岸さんは踊っていてどんな感覚になるんですか。

**高岸**　なかなかトランス状態にはなっていなかったかな。後ろからもう1人の自分が俯瞰して見て、チェックしているようなところもありました。踊りの形を自分のなかでイメージしながら踊るということが、まず大前提だったから。

**町田**　力が噴出してくるのを制御しながらも、でも力の解放がどんどん勝っていく、その押し引きというか駆け引きがされていて、でも最後、あの音楽のクライマックスのところですべてのエネルギーを解放するのが、高岸さんの踊りから見受けられたんです。

**高岸**　ベジャールさんがうまく作っているのかもしれない。最初はやっぱり抑えられた動きで神秘的な感じになっていて、自然に曲とともに発していくようにできている。そのときは自分を俯瞰で見ることがあるんだけれど、音楽が高まる後半はそういうところは少ないかな。自分自身が本来持っているものが出やすくなっているというか。

**町田**　本当に演じ手泣かせの曲ですよね。右肩上がりに上がっていくしか術がないという感じで。

### 10年越しの夢

**高岸**　町田さんはどうして曲に魅せられたの？　どうして《ボレロ》を作ろうと？

**町田**　10年くらい前に恥ずかしながら初めて《ボレロ》を見ました。それはジョルジュ・ドンさんの《ボレロ》であり、シルヴィ・ギエムさんの《ボレロ》だったんですけれど、そのときに本当に衝撃を受けました。そのときから、いつか自分もフィギュアスケートでこの曲を表現したいという夢を抱くようになった。でも、表現技術も未熟だったし、振付をする者としての術もなかったので、漠然と抱いていた夢にすぎなかったんです。でも自分がスケーターであるうちに1度は挑戦したい曲だと胸に秘めていました。

**高岸**　秘めていたんだ。

**町田**　選手を引退して、プロとして自分の振付で4年間やってきて、スケーターとしてのキャリアもゴールが見えてきたので、やるならいましかないと思いました。やっぱり体力的にも非常に厳しい作品なので。かといって、じゃあ来年、自分ができる身体にあるのだろうかということもあって、脂が乗っているいまだろうなと。

**高岸**　本当に最高潮だものね。《ドン・キホーテ》、《白鳥の湖》を踊りながら、その夢を抱き続けていたということだ。

**町田**　そうですね。私の場合、10年近くも温め続けたという曲は、《ボレロ》がほとんど唯一です。欲を言えば、私も15分、編曲せずにやりたかったんですけれども。

**高岸**　それはそうだけれども、あれはきついよ。（笑）相当の運動量です。

**町田**　アイスショーという1つのプロダクションのなかに組み込まれているものなので、なかなか時間も取れないですし。体力的にも氷の上で15分、しかも1人でやらなければいけないので、それは非現実的だという判断で、約2分の1の8分となったんです。

**高岸**　それでもすごい。バレエの《ボレロ》はあまり跳んだり回ったりしないから、体力的には15分持つんだけれども、フィギュアスケートは跳んだり回ったりしているし。

**町田**　そうなんです。最初はコンパルソリーと言って、氷上に図形を描くところから始まるんですけれども、これはフィギュアスケートの初源で、フィギュアスケートという名称もここから来ている。そのコン

> 自分がスケーターであるうちに
> 1度は挑戦したい曲だと
> 胸に秘めていました。
> ——町田 樹

©Y.Wada/Japan Sports

> 高岸さんの《ボレロ》は、踊る欲望とそれを制御しようとする葛藤みたいなものがあって、いちばん好きな《ボレロ》になりました。
> ——町田樹

パルソリーから始めて、踊りや運動がどんどん複雑化していって絶頂を迎えるという構想が制作陣のなかで生まれて、それを体現したんです。最初のコンパルソリーは地味ですが、じつは身体的にはけっこう大変な作業で。

**高岸** きついんだ。

**町田** そうなんです。ずっと片脚で氷に乗っていて、しかもちょっとアラベスクのポジションを取ったり。

**高岸** しかも暗いわけだけれど、平衡感覚は狂ったりしない?

**町田** 大丈夫なんです。横浜公演と東京公演は氷にラインが引いてあって、位置取りがわかるようにマーキングがされているので狂うことはない。スタート地点を決めたら、ふたたびそこに帰ってこなければいけないので、マーキングがされていると「あ、ここだな」と、ある程度きれいに図形を描けます。ただ、広島公演は、そのときだけ氷を張る特設会場だったので、何もマーキングがされていない純白の氷で、図形が狂わないように、本当に気をつけながら描いていった。図形を描き続ける動作が2分30秒くらいあるんですが、そこで体力の40%ぐらいは使ってしまう感じで。(笑)肺のほうの体力は大丈夫なんですけれど、とにかく右脚で氷を押さえていく運動が多くて、ハムストリングスの筋肉の疲労がけっこう来ます。

**高岸** バレエも太ももの筋肉の疲労で体力を奪われていってしまうからね。

**町田** そうですか。私もベジャールさんのリズムを刻む動作を途中で、5秒とか7秒とか短い時間ですが引用させてもらったんですよ。それだけでものすごくきつくて、「あれ?《ボレロ》を卓上で踊っている人はずっとだから、本当にきついのかもしれない」って、初めてそこで気づきました。

**高岸** じつはドンさんはこのときつま先を伸ばさなかったんだけれども、後々変わって全部つま先を伸ばさないといけなくなった。(立ち上がって)こうやって、タン、タタタタン——、最初から最後までつま先は伸ばしてやる。でも最初は伸ばさなくてもよかったから、途中からそうしろと言われてもそのときは「嘘でしょ? チャレンジできないよ」って感じだった。(笑)

**町田** 15分、脚はリズムを刻みながらアームスを動かすのは、やっぱり大変ですか? よく右は2拍で左は3拍で動かすというような遊びがありますが、ああいう感じでリズムに気をとられると上半身の動きを失っていくような感覚はないですか。

**高岸** そういうのはあまり苦労しなかったと思うんだけれど、最初は目が悪くてコン

> 踊りの形を自分のなかで
> イメージしながら踊るというのがまず大前提だった。
> ——高岸直樹

タクトを入れていない時期だったので、周りも真っ暗だからお盆の上で平衡感覚を失って、ステップを踏んでいるだけであっちに行ったりこっちに行ったりとかね。それがけっこう怖かった。

**町田** たしかに映像は……

**高岸** ブレてた？（笑）

**町田** でも、身体強度がすごく強いところなので、先ほども制御と解放と表現させてもらいましたが、ときどき制御が利かない瞬間があって、力の解放がすごく見えた。正確無比に完璧に機械のように踊るというスタイルもあると思うのですが、高岸さんの《ボレロ》は踊る欲望とそれを制御しようとする自制心との葛藤みたいなのがあって、「こういう《ボレロ》もあるんだ」って本当に電撃が走って。ぼくのなかでは、本当にいちばん好きな《ボレロ》になりました。

### 《ドン・キホーテ》と《白鳥の湖》

**高岸** 町田さんは《ドン・キホーテ》も滑っているけれど、《ドン・キホーテ》は何に惹かれたの？

**町田** 高岸さんもそうですし、とにかくバジルを踊っているバレエ・ダンサーはただただかっこいい。だから、「ぼくもあんな風にかっこよく踊りたい！」っていうような、わりと単純な。（笑）

**高岸** こう見えて町田さん、スペイン人のような熱い血が流れているんですよね、本当はね。

**町田** そうです。だから氷上において、かっこよさとは何かを追求した作品だったと思います。でも、私たちの《ドン・キホーテ》も3幕構成にしたんですが、1幕は本当にバレエのプティパ版ですよね。バジルのヴァリエーションをそのまま、なんとかそれを損なわないかたちでフィギュアスケートに翻案したいと思って、わりと自信があるんですよ。バレエのバジルのヴァリエーションに可能な限り近づけたフィギュアスケートのプログラムだと、自分で思っているんですけれど。

**高岸** 私もそう思います。

**町田** ありがとうございます。

**高岸** 私もノーブルな感じのイメージを持たれている人がいるのかもしれないけれど、全然そうじゃなくて、《ドン・キホーテ》とか《海賊》とかのほうが私は好き。血が騒いじゃうんですよね。（笑）

**町田** よくわかります、その表現。（笑）

**高岸** 東京バレエ団で最初に《ドン・キホーテ》を踊ったのも遅かった。35歳ぐら

いかな。でも、神様みたいに崇拝しているウラジーミル・ワシーリエフさんに習うことができた。あの人も情熱が身体から発散してくる、そんな稀有なダンサーだったので、1言1言を聞き漏らすまいとやっていたのを覚えていますね。

**町田** またあのレオン・ミンクスの音楽は、《ボレロ》と同じで、踊らずにはいられないという音楽ですよね。

**高岸** そうなんだよね。

**町田** あれは本当にバレエ音楽の傑作だと思います。私もなんとかこの躍動感とか、バジルの自由闊達な青年の人間性というか内面を演じてみたいと思って作った作品なんですよね。高岸さんは《白鳥の湖》のジークフリートは？

**高岸** 何回もやっているけれど、自分に合っているような感じがしないんだけれどね。（笑）決して『ドン・キホーテ』みたいに派手ではないんだけれども、それだからこそ難しい。本当に繊細な手首の使い方とかでバレリーナをサポートしないといけない。

**町田** たしかにジークフリートは女性を支えたり、女性を前景化させるような振りだと思います。演劇性というか、感情の揺れがすごく大きい役柄だと思うので、それを微細な手のひと振りで表現したりするのは難しいところですよね。

**高岸** 町田さんの《白鳥の湖》は、すごく繊細な感じがした。繊細なんだけれどもスケールの大きい空間を作っていて、平面的ではなく、すごく立体的に、スケートリンクの表現を作っているなと感じた。

**町田** そうですね。高岸さんはプリンスアイスワールドの公演と、さいたまスーパーアリーナのジャパンオープン、カーニバル・オン・アイスを見ていただいているんですけれども、さいたまスーパーアリーナは会場の構造が広大で、しかも天井も高い。すごく雄大な空間なので、やっぱりそれを十全に生かした作品作りがしたいと、《スワン・レイク》を作ったんですね。だから、そういう印象を抱いていただけたんだと思います。

**高岸** 前半は競技だったからロシアからいろんなコーチがきていて、みんな町田さんの演技を見ていた。ほかの人たちが滑り終わっても普通に拍手するだけだったんだけれど、町田さんのときは「素晴らしい」と全員立ち上がったものね。バレエに詳しい人たちばかりだと思うんだけれど、そういう玄人の人たちにもすごく理解されているのが、見ている私もうれしくなった。

**町田** ロシアのフィギュアスケートもバレエを題材としたプログラムが多くて、最近はそのなかでも演劇的なプログラムが多いなという印象です。とりわけ女性がそうです。平昌五輪で金メダリストになったアリーナ・ザギトワ選手も、ジャパンオープンとカーニバル・オン・アイス両方に出ていましたが、彼女も《スワン・レイク》と《ドン・キホーテ》を滑ったので演目がまる被りだったんです。それでロシア勢からの注目度は高かったのかもしれないです。もしかしたら対抗意識を燃やしていたかもしれない。（笑）

**高岸** 対抗意識を燃やしていてもちゃんと評価してくれる。彼らの度肝を抜いたでしょうね。

**町田** そうかもしれないですね。海外の人は年1回あそこでしか私は会わないので。1回で決めなければいけなかったですからプレッシャーは大きかったですが、でもやっぱり役柄にうまく入れるとそういう邪念は一切なくなります。そこでも衣裳、メイク、照明、音楽は大きな要素で、自分の背中を押してくれるんです。また音響が素晴らしい。毎年、矢野桂一さんが音響を担当されているのですが、本当にフィギュアスケート会場を熟知されている方なので、音の響き方もそうですし、どの位置に座っているお客さまからもよく聞こえるような音響システムを作ってくれているので。

**高岸** 照明も素晴らしいし、演じる人も素晴らしいし。

**町田** いやいや、ありがとうございます。でも、そういう意味でさいたまスーパーアリーナは世界でいちばんクオリティの高いフィギュアスケート会場。間違いなく世界一と言っていい会場だと思います。

**高岸** あそこでは何回くらい演技しているの？

**町田** もう10回近くでしょうか。じつは本当に幸せなことですが、たぶん日本人スケーターでは、私がもっともあそこの舞台を踏んでいる1人だと思います。いちばんあの会場を知り尽くしています。（笑）

## 純白の天上世界にいる感覚

**高岸** もう一度《ボレロ》に話を戻すけれど、町田さんは《ボレロ》でどういうことを訴えかけようとしていたの？

**町田** とにかくあのクライマックスの境地に至りたいがために、たぶんその前の15分――私たちの《ボレロ》は8分ですけれど――その単調な繰り返しがあるのかなと感じています。じつは昨年の10月にアメリカのコロラドスプリングスにあるフィギュアスケート博物館に研究者として訪れたんですね。スケート靴を持たずにアメリカに行ったのは初めてだったんですが、フィギュアスケートの本当に古い史料から現在に至るまでアーカイヴされていて、それらを見せていただいたんです。フィギュアスケートと音楽が結びついたのは19世紀半ば、1850年代なんですが、それより前の1700年代にすでに氷の上で踊る文化はあって、ドイツの詩人クロプシュトックが「スケート」という詩を残しています。まだ音楽とフィギュアスケートが結びついてない時代ですが、フィギュアスケートには絶対に音楽が必要だという情熱に駆られて書かれている。でも、当時はまだ人工のスケートリンクがなかったので、みなさん冬場に凍った湖や川の上でスケートを楽しんでいたんですね。だけれども、氷の下には水があって、のめり込みすぎるといつか破たんが生じて氷から落ちて命を失ってしまう。その詩も最後ちょっと恐ろしい感じに終わるんです。そのときに、「あ、これだ」と思ったんですよ。まさに我々の《ボレロ》も、最初氷で滑る喜びから始まり、どんどん我を失ってそれこそトランス状態に入って、スケートの魅力、魔力に取り憑かれて滑っていくんだけれども、その先には死が待っている。そのストーリーと、フィギュアスケートの初源であるコンパルソリーをどうにか振付に応用できないかというアイデアが相まって、あのフィギュアスケートの《ボレロ》のストーリーラインと振付の構成が生まれたんですよ。

**高岸** 素晴らしい。

**町田** だから言ってみれば、演じ手としての私は最後、死が待っているんだけれども、でも死が待っていてもなお、やっぱりスケートをしたいし、身体表現をしたいという欲望に駆られた男の物語にしてみようかなと。ですから、踊っている自分もまさにその心境です。私はどちらかというとちょっと自分をトランス状態に持っていきたいという感じですね。

**高岸** なるほどそういうことか。

**町田** 早朝あたり、まだ暗いときに松明を持って、スケート靴を持って滑りに行くような文化で、でも日が昇ってきて、暖かくなって氷が緩んでくると割れて沈んでしまうリスクがある。実際、そういう絵画もあるんです。1800年代には、氷から落ちた人をどうやって救助するかを記した本もあったんですよ。先がフック船長の鍵爪みたいになっている長い棒で引き上げろって。

高岸　へー！　そんな本があるんだ。
町田　1冊丸々ですよ。そういう人がいないときは、じたばたすると氷が割れていくからと、どういうふうにしがみついていればいいかを教えるHow to本まであったんです。
高岸　本当に命がけで滑っていたんだね。
町田　そうなんです。すごく危ない遊びじゃないですか。でも、市民みんながそれをやっていたというくらいの魔力があったんだなということが、博物館で史料を見てすごくよくわかった。《ボレロ》では、群舞がいないので1人でどう見せようかとなったときに、照明の力は大きかったと思います。日の出から朝日が立ち昇って氷が割れるという情景を照明で表現すると、暗いところから照明が1個ずつ点いて明るくなっていくので、それがある意味、ベジャールさんの《ボレロ》の、リズムの人数が徐々に増えていくような感じの効果になるかなと思ったんですね。
高岸　わかりやすいですね。
町田　普段、アイスショーでピンスポットだけで踊っていると、逆光でお客さんの姿が見えない。たぶん高岸さんも経験あると思うんですけれど、逆光で周りが暗い感じなので何も見えないという状況です。そして、《ボレロ》の最後、いちばん明度の明るい照明が私に降り注ぐんですが、そのときはすごく強烈な光が全部自分1点に注がれて、つねにフラッシュが目の前で焚かれているような感じで、何も見えないんですよ。あたかも純白の世界に1人取り残されたような感じで、天上の世界に1人来たんじゃないかというような。あの感覚は初めてで、初演のときは驚きました。鳥肌が立ちましたね。
高岸　神秘的。いま聞いていても鳥肌が立つ。
町田　それもあって、最後たぶん一気にトランス状態に入っていく。やっぱりダンサーにとって照明の力は大きいですよね。
高岸　大きいと思う。
町田　普通に味気ない稽古場で同じテンションで臨んだとしても、やっぱり照明が入ると違いますよね。非日常というか、照明は本当に魔力というか、麻薬的な力を秘めている舞台装置だと私は思っています。またあの照明を浴びたいと思わせられるようなところがある。だから、私にとってはいろんな魔力が氷の上にあって、そういう力を借りている。それはスケートの魔力であり、照明の魔力であり、衣裳やメイクの魔力であり……。ダンサーって、衣裳やメイクでも変わるじゃないですか。いろんな魔力を借りて、自分をトランス状

© Y.Wada/Japan Sports

態に持っていくという感覚で臨んでいました。つい先週、広島で滑って終わってしまいましたけれど。
高岸　見に行きたかった。次は10月？
町田　10月はまた別の作品を用意しています。《ボレロ》はもうやり切ったなという感覚があるので。
高岸　毎回楽しみにしているんですよ。何も知らない状態で行って、「あ、《ドン・キホーテ》？」「《白鳥の湖》？」って驚かされる。だから次回もどんなものが来るか、すごく楽しみにしています。

町田　25年間で培ってきたスケーターとしての技術と、8作品を自分で振付けてきたなかで培ってきた振付のノウハウとを全部総動員して、いま最後に作っています。ちょうどこの対談が載る号が、私の引退のときの作品発表の場で発売されるので。
高岸　これだけ忙しいのによくできるね。
町田　いよいよ10月は、自分にとっての集大成という気持ちで臨んでいますので。いまや振付は、私の学問や生活の一部になっている感覚です。

# 厳選パフォーマンス・セレクション
## Selected Performance Photos
《白夜行》から《白鳥の湖：ジークフリートとその運命》まで

写真：ジャパンスポーツ

《白夜行》（2013年スケートアメリカ）© Japan Sports

# 白夜行

BYAKUYAKO, INTO THE WHITE NIGHT

2013年のエキシビション・プログラムで、町田樹の初振付作品。東野圭吾の同名小説の世界を、TVドラマ版の音楽（河野伸「白夜を行く」）を用いて氷上に描く。町田は青を基調にした衣装に身を包み、左手のみを赤く血に染めて、主人公・桐原亮司が最期を迎えるまでを演じた。亮司が人生を終える12月24日、町田も《白夜行》の演技を終えた（オールジャパン メダリスト・オン・アイス 2013）。

# エデンの東
## EAST OF EDEN

2013-2014シーズンのショートプログラム。スタインベック原作のTVドラマの音楽（リー・ホールドリッジ）にフィリップ・ミルズが振付けた。スタインベックの小説を読み込んだ町田は、小説の隠れたテーマである「ティムシェル（汝、治むることを能う）」を「自分の運命は自分で切り拓く」と解釈し、その言葉を体現するプログラムでソチ・オリンピック出場を勝ち取った。

《エデンの東》（2013年全日本選手権）© Japan Sports

《エデンの東》（左上：2013年全日本選手権　右上：2014年ソチ・オリンピック
下：2014年世界選手権　©Japan Sports

# 火の鳥
## THE FIREBIRD

2012-2013シーズン、2013-2014シーズンと、2シーズン滑り続けたフリー・プログラム。振付はフィリップ・ミルズ。音楽は、イーゴリ・ストラヴィンスキーのバレエ曲「火の鳥」。物語でイワン王子の危機を救う神秘の鳥に町田は扮した。ソチ・オリンピックの演技終了後、「ストラヴィンスキーの崇高な《火の鳥》が掛かった瞬間、ぼくの精神は落ち着いて、火の鳥と融合した」と語った。

《火の鳥》(2013年全日本選手権) ©Japan Sports

《火の鳥》(2014年世界選手権) ©Japan Sports

## エデンの東 セレブレーション
### EAST OF EDEN – Celebration –

2014-2015シーズンのエキシビション・プログラム。振付はフィリップ・ミルズ。先シーズンのショートプログラム《エデンの東》をリニューアル、ホールドリッジの音楽を全編用いて、振付もまったく新しく作り変えた。2014年全日本選手権で現役引退を発表した翌日、「オールジャパン メダリスト・オン・アイス」で現役最後のパフォーマンスに選んだのも、このプログラムだった。

《エデンの東 セレブレーション》（2014年スケートアメリカ） ©Japan Sports

《エデンの東　セレブレーション》（2014年スケートアメリカ）　© Japan Sports

# ジュ・トゥ・ヴ

JE TE VEUX

2014年のエキシビション・プログラム。エリック・サティのシャンソン「JE TE VEUX（お前がほしい）」の羽田健太郎によるピアノ独奏版に、町田自身が振付けた。ロベール・ドアノーの写真「パリ市庁舎前のキス」に想を得て、1950年代のパリを舞台に女性との恋を瀟洒に描く。「カフェでお茶を飲みながら気軽に見るみたいなお洒落なプログラムがひとつほしい」と思って作ったという。

《ジュ・トゥ・ヴ》（2014年プリンスアイスワールド横浜公演）©Japan Sports

《ジュ・トゥ・ヴ》(2014年プリンスアイスワールド横浜公演) ©Japan Sports

## ヴァイオリンと
## 管弦楽のための幻想曲
### FANTASY FOR VIOLIN AND ORCHESTRA

2014-2015シーズンのショートプログラム。イギリスの作曲家ナイジェル・ヘスによる「ヴァイオリンと管弦楽のための幻想曲」は、映画『ラベンダーの咲く庭で』のテーマ曲。「元より叶うことのない恋」を描く振付はフィリップ・ミルズ。町田は「人それぞれの心にある愛に、ぼくの演技を通じて触れること」をめざしたという。これが現役最後のショートプログラムとなった。

《ヴァイオリンと管弦楽のための幻想曲》(2014 年全日本選手権)　© Japan Sports

《ヴァイオリンと管弦楽のための幻想曲》(2014年全日本選手権) © Japan Sports

《交響曲第9番》(左上:2014年スケートアメリカ 右上・下:2014年全日本選手権)

## 交響曲第9番
### SYMPHONY No.9

2014-2015 シーズンのフリー・プログラム。このシーズンよりシングル種目でも歌詞を伴うヴォーカル曲の使用が解禁されたことを承けて、町田は最終楽章にシラーの詩による合唱を伴う、ベートーヴェンの「交響曲第9番」を選んだ。振付はフィリップ・ミルズ。バーンスタイン指揮ウィーン・フィルによる演奏を用い、「シンフォニック・スケーティングの極北」をめざした。

《交響曲第9番》(2014年全日本選手権)　©Japan Sports

# 継ぐ者
## THE INHERITOR

2015年4月25日、プリンスアイスワールドで初演。プロスケーターとしての第1作。振付は自らが手がけ、以後はすべて自作を滑っていく。シューベルト「4つの即興曲」第3曲全曲を用い（演奏：今井顕）、長い時間をかけて精錬された6種類のジャンプすべてを披露。選手から選手へと手渡され、次世代へと託されていくフィギュアスケートの歴史と伝統に思いを馳せた作品である。

《継ぐ者》（2015年プリンスアイスワールド東京公演）© Japan Sports

《継ぐ者》（2015年プリンスアイスワールド横浜公演）　© Japan Sports

# あなたに逢いたくて〜Missing You〜
## MISSING YOU

2016年4月30日、プリンスアイスワールドで初演。松田聖子の「あなたに逢いたくて〜Missing You〜」を取り上げ、彼女の歌声とその歌詞に応じる「相聞歌」として振付けられた。ヴォーカル曲を滑るとき、振付はどのように歌詞と交感できるのかを問いかけた意欲作。「感情はスピードに乗せて」というコンセプトのもと、町田の想いが氷の上を駆け抜けていった。

〈あなたに逢いたくて〜Missing You〜〉(2016年プリンスアイスワールド横浜公演) ©Japan Sports

《あなたに逢いたくて～ Missing You ～》（2016年プリンスアイスワールド横浜公演） ©Japan Sports

## アヴェ・マリア
### AVE MARIA by Chris Botti

2016年10月1日、「ジャパンオープン」(さいたまスーパーアリーナ) で1回限り上演された。音楽は世界的トランペット奏者クリス・ボッティによるシューベルト「アヴェ・マリア」。振付にジャンプをいっさい組み込まず、「既存のルール、価値体系に縛られることのないフィギュアスケート」のひとつの方向性を示そうとした町田樹の野心作である。

《アヴェ・マリア》(2016年ジャパンオープン) ©Japan Sports

〈アヴェ・マリア〉（4点とも：2016年ジャパンオープン） ©Japan Sports

# ドン・キホーテ ガラ 2017：バジルの輝き
## DON QUIXOTE GALA 2017 : Basil's Glory

2017年4月29日、プリンスアイスワールドで初演。クラシック・バレエの名作《ドン・キホーテ》にインスピレーションを得て、その主人公バジルの内面を描く。音楽はレオン・ミンクス。カーテンを効果的に用いた3幕構成という異例の演出も大きな話題となった。第1幕は「技のバジル」、第2幕は「夢見るバジル」、第3幕は「祝祭のバジル」と名づけられている。

《ドン・キホーテ ガラ 2017：バジルの輝き》(2017年プリンスアイスワールド東京公演) © Japan Sports

《ドン・キホーテ ガラ 2017：バジルの輝き》（2017年プリンスアイスワールド東京公演） ©Japan Sports

《ドン・キホーテ ガラ 2017：バジルの輝き》（2017 年プリンスアイスワールド東京公演） ©Japan Sports

《ドン・キホーテ ガラ 2017：バジルの輝き》〈2017年プリンスアイスワールド東京公演〉 © Japan Sports

《白鳥の湖：ジークフリートとその運命》（2017年カーニバル・オン・アイス） ©Japan Sports

# 白鳥の湖：ジークフリートとその運命
## SWAN LAKE : Siegfried and His Destiny

チャイコフスキーのバレエ《白鳥の湖》をモチーフに、主人公ジークフリートの内面の物語を3幕構成、6分間の舞踊劇として描いた。第1幕「独白――王子の孤独」、第2幕「偽りの愛」、第3幕「ジークフリートの死――あるいは永遠の誓い」からなる。2017年10月7日、「カーニバル・オン・アイス」（さいたまスーパーアリーナ）での1回限りの上演。

〈白鳥の湖：ジークフリートとその運命〉（2017年カーニバル・オン・アイス）　© Japan Sports

《白鳥の湖：ジークフリートとその運命》〈2017年カーニバル・オン・アイス〉　© Japan Sports

〈白鳥の湖：ジークフリートとその運命〉（2017年カーニバル・オン・アイス） © Japan Sports

《白鳥の湖：ジークフリートとその運命》（2017年カーニバル・オン・アイス） © Japan Sports

# Message for TATSUKI MACHIDA
## 町田樹さんへのメッセージ

さまざまなかたちで、フィギュアスケーター・町田樹を
応援してきたみなさまからのメッセージをお届けします。

町田樹さんのスケートは、本当に華麗で美しく、
たくさんの感動や勇気をいただきました。
そして、私の曲「あなたに逢いたくて」を選んでいただけたこと、とても嬉しかったです。
美しく切なく、本当に素晴らしい町田樹さんの演技に胸がいっぱいになりました。
ありがとうございました。
これから、新しい道にお進みになる町田樹さんを心より応援しております。

## 松田聖子 歌手・女優
### Seiko Matsuda

**松田聖子**
歌手・女優として、歌、映画、テレビドラマ、CMなどあらゆるジャンルで、日本と世界において常に新しい挑戦をし続ける現在進行形のトータルアーティスト。2019年に公開予定のシンガポールが誇る世界的映画監督エリック・クー最新作品『RAMEN TEH』(シンガポール、日本、フランス合作)に出演。

《あなたに逢いたくて～ Missing You ～》(2016年プリンスアイスワールド横浜公演)　©J.Song/Japan Sports

# Message for TATSUKI MACHIDA

## 河野 伸 作曲家・編曲家・キーボーディスト
Shin Kono

## 氷上に再現された『白夜行』の世界

「大変だよ！ 使われてるよ、曲が！」
ある日、ぼくの作曲したテレビドラマ『白夜行』の「白夜を行く」で町田樹さんが滑っていることを、フィギュアスケート好きの友人の娘さんが教えてくれました。「ああ、すごいな」と感動して、ブログにちょっと書かせてもらいました。

フィギュアスケートの音楽は、クラシックが多いイメージだったので、ドラマの曲を使って滑る人がいること自体が不思議な感じがしました。『白夜行』のドラマが放映されたのが2006年。その後映画版も作られていますが、ドラマのほうを選ばれたから、きっとドラマもご覧になっていただいたのでしょう。目のつけどころが独特ですよね。選んでもらって、とても感謝しています。

「白夜を行く」は、ドラマ『白夜行』のメインテーマとして書きました。タイトルが『白夜行』なので、「白夜行のテーマ」でもよかったのですが、「白夜を行く」とちょっと変えてタイトルをつけました。ドラマの場合、メインテーマが1つか2つあって、あとは場面に合った曲を作っていくんです。だからこそ、やはり一番表に立つ曲は、曲単体でも聴けるようなものを作らなければいけない。主人公の亮司と雪穂の波乱に満ちた人生を象徴するような曲を作ってくださいとTBSからはオファーされました。ちょっと悲しげな旋律が、美しいけど儚い、2人の人生には合うのかなと思った。曲は6分くらいあるんですが、それをうまく編集されていましたね。そんなにテンポのある曲ではないのに、ちゃんとあの世界が表現されていました。

町田さんが演じたのは、亮司の最期のシーン。ドラマでは、あの場面から始まって、最後はまたそこで終わる。町田さんはここでそれを持ってきたんだなと思った。素晴らしかった。

町田さんが《白夜行》を滑っていたのはオリンピックシーズンでした。だから、物語にちなんで《白夜行》を滑るのは12月24日で最後だというアナウンスを聞いたときは、本当に残念でなりませんでした。「やめないで！ オリンピックでやって！ 来年のイブじゃだめなの？」と。(笑)

ぼくはもともとフィギュアスケートは、大きな大会をテレビでやっていたら見る程度で、ジャンプが成功したかどうかぐらいの見方しかしていませんでした。でも町田さんの滑りを見てからは、逆にジャンプに目がいかなくなりました。町田さんが滑る他のさまざまなプログラムを見て感じたのは、曲ごとにまったく表現が違っているということ。振付を作り分けて、演じ分けているのがわかって、フィギュアスケートがすごく面白くなりました。音楽も一緒に楽しめるアイスショーの世界がいま魅力的に感じています。■

**河野 伸**
1964年東京都生まれ。大学卒業と同時に池田聡のライブツアーに参加。その後、森高千里のサポートバンドを経て、1994年にSPANK HAPPYを結成。1997年脱退後は、古内東子、中島美嘉、坂本真綾、光山組、上白石萌音などのアレンジやプロデュース、楽曲提供、ライブサポートに携わる。サウンドトラックはTV『世界の中心で、愛をさけぶ』『白夜行』『おっさんずラブ』などに参加。

《白夜行》(2013年オールジャパン メダリスト・オン・アイス)　©M.Sugawara/Japan Sports

以前から、熊川哲也さんのことが好きで研究されているスケーターがいるという噂は聞いていたんです。それで初めて町田さんの演技を見たのが、去年のプリンスアイスワールドの《ドン・キホーテ》でした。履いているのはスケート靴でしたが、まさに"踊っている"という感じで、見ていてとても気持ちよかったです。今年の《ボレロ》も見に行きましたが、お客さんの盛り上がりがすごくて、会場全体が一体になるような感覚がありました。

町田さんの演技は、ポール・ド・ブラやポジションのとり方から、バレエを好きで勉強しているということがよくわかります。バレエ・ダンサーとしては、やはり表現を求めているスケーターの方の演技にはすごくそそられますね。体もシュッと筋が通っていますし、目線の使い方や顔のアクセントのつけ方にもこだわりがうかがえました。スケーターの方には滑るうえでの揺るがない芯があるように感じます。ピンと崩せない芯があって、それゆえに要所、要所で構えるときに「これからくる!」というのがわかるくらい止まって見えることがある。バレエはそこを見せないように優雅につなげていくものですが、町田さんはそれをスケートでやって見せたかったのではないでしょうか。

私自身がバレエ・ダンサーだからだとは思いますが、バレエ作品をスケートで表現するというのはもっと見てみたいですね。スケーターの方の練習をお手伝いしたこともありますが、バレエから動きや表現の仕方を受けとってもらえたら、氷上での表現もより豊かになるのではないかと思いますし、そこからバレエとフィギュアスケートがもっとつながっていきそうですよね。

町田さんは新たなスター像というか、大きな可能性を持っている方。会場でもお客さんの雰囲気が他とは違っていて、観客が受け身ではなく彼に何かを求めているのを感じました。お客さんはきっと他にはない彼のパッションを楽しみにしていたし、町田さんはそれに応えて感動を与えていたと思います。その感動を何か次へつなげてほしいですね。彼のような表現者はそうはいませんから、振付や、あるいは言葉を通して発信することもできるかもしれない。これからも彼の持っている魅力のすべてを伝え、広げていってほしいなと思います。

# 中村祥子

K-BALLET COMPANY プリンシパル

Shoko Nakamura

## 観客が彼に何かを求めていた

**中村祥子**
佐賀県出身。ベルリン国立バレエ、ハンガリー国立バレエでプリンシパルとして踊り、2015年秋より活動拠点を日本に移す。現在、K-BALLET COMPANYのプリンシパルとして活躍。10月に『ロミオとジュリット』(10月18日名古屋、10月23日広島)、12月に『くるみ割り人形』(12月6日14:00と7日18:30、Bunkamuraオーチャードホール)に主演予定。[問]:チケットスペース☎03-3234-9999

©Bettina Stöß

# Message for TATSUKI MACHIDA

## 武田砂鉄 ライター
### Satetsu Takeda
## 自分の言葉を守り抜く人

**武田砂鉄**
ライター。1982年生まれ。東京都出身。大学卒業後、出版社で主に時事問題・ノンフィクション本の編集に携わり、2014年秋よりフリー。著書に『紋切型社会——言葉で固まる現代を解きほぐす』(朝日出版社、第25回Bunkamuraドゥマゴ文学賞受賞)、『芸能人寛容論——テレビの中のわだかまり』(青弓社)、『日本の気配』(晶文社)などがある。

　日本のメディアには、どこまでも真剣な人を笑う悪癖がある。たとえば、2013年グランプリシリーズの事前記者会見で、各出場選手がパネルに目標を掲げ、町田樹が「Timshel…汝、治むることを能う。自分の運命は自分で切り拓く！」と記したことが話題になると、それ以降、「ちょっと変わった選手」として扱う流れが強まった。「氷上の哲学者」というキャッチコピーも定着したけれど、珍しい表現を使う人に、たちまち「哲学者」との呼称を与えるのもまた、メディアの悪い癖だ。

　町田樹は、自分を奮い立たせるために自分の言葉を使う。同時に、ウェブサイトで公開してきたプログラムにかける想いを綴ったテキストを読めば分かるように、鑑賞者に届けるための言葉を徹底して選び抜いてきた。どんなスポーツも、メディアが望む物語のなかで消費されていく。華々しいデビュー、初めての挫折、苦しんだ末の復活、有終の美……それらは間違いではないのだけれど、あくまでも、伝える側が簡略的に用意した物語である。整理できない物語なんていくらだってある。メディアが用意した物語に体をはめ込んでいくだけではいけない。でも、スポーツ選手の多くは、自分たちのスポーツを広めてくれるんだから、多少のキャラ化は仕方ないと思うのかもしれない。町田は、そういう要請に乗っからなかった。自分の言葉を守り抜き、自分の言葉を、自分と競技のために注いだ。その徹底に、私たちはずっと痺れてきた。

　プロ引退を伝える会見の最後に「今の町田さんにとってフィギュアスケートとは」という、ありがちな質問が出た。その問いに、町田は簡単には答えなかった。現役時代は「町田樹＝フィギュアスケート、ニアリーイコールゼロ」で葛藤を感じていたが、それではダメだと思い、この5年間で「町田樹＝フィギュアスケート、イコール」の先の数字をより大きくしようと努力を積んできた、と述べた。これが町田の答え。イイ感じにシンプルに終わらせたかったはずの問いだが、そこで町田は、振り出しに戻すような返答をした。

　2014-15年のシーズンから、ボーカル曲の使用が解禁された時、町田は「言葉と旋律によって構築されてすでに完結しているその作品を、さらに身体で表現する——ということの意味を、自らに問う必要がある」と慎重になった。自分が作品を作るのではなく、作品に自分がどう関与していくべきなのか。その問いに立ち止まりながら、自分で自分を疑うように言葉をぶつけ、思案した。

　自分に用意される物語をそのまま受け止めずに、あくまでも自分で自分の物語を作るという強い意志がある。「Timshel」発言の後、町田は、「面白い存在」として扱われそうになった。それに乗っかるほうがラクだったのかもしれない。でも、町田は乗っからなかった。いつまでも自分の言葉を守り抜いた。引退はするものの、これからもフィギュアのために自分の言葉を守り抜いていくようなのだ。引き続き放たれる言葉が、楽しみでならない。

《Don't Stop Me Now》(2014年ソチ・オリンピックEX) ©M.Sugawara/Japan Sports

# クリス松村 タレント
## Chris Matsumura
## 芸術的な魂が宿る緻密で繊細な表現者

2016年のプリンスアイスワールドで町田樹さんの演技を生で見ることができました。本番前に舞台裏で偶然お会いしたとき、「今日はクリスさんがいらっしゃると思って、ぼくが考えたものをお見せします。ご堪能ください」とおっしゃって、いざ本番になったら急に松田聖子さんの曲が流れてきたんです。そのなかで彼が男と女を演じ始めた――しかも1人で。さすが町田樹でした。改めて「この人は表現者なんだ」と感じました。そのことを終演後の彼に話したら、「あの表現、伝わりました？ やっぱりやってよかった！」と言ってくれて、うれしかったですね。もちろん私が来ることは知らなかっただろうし、演目も急に変えられるものではないですよね。でも、彼はそういうことを言ってくれる人。私が松田聖子さんを好きだと知ってくれていることにも感動しました。

フィギュアスケートはずっと大好きで見ていますが、町田さんを意識したのは《火の鳥》を滑っていたころです。最後に鳥のように飛んでいくところに魅せられた。あの時期は、情熱的な表現の髙橋大輔さんや、優雅な滑りの小塚崇彦さん、そして羽生結弦さんがどんどん成長しているころで、あそこから日本のフィギュアが変わっていった。そのなかにあって、町田さんは独特の感性を持っていました。彼の表現は、感情に訴えかけるというよりも、彫刻を彫るように緻密で繊細なもの。そこに込められているものを見て感じてくれと、ある意味では観客にも要求するような演技。《火の鳥》では、たとえば羽ばたくような動きに、そういうものが表れていました。

それから、とくに忘れられないのは、彼がリンクへ向かうときの表情。当然みんな真剣な目をしてリンクへ向かうわけですが、彼の場合は完全に何かが憑依しているかのようでした。もう普段の人間・町田樹ではなくなっていて、演技者というよりも、演じるものそのもの。演技前の彼が纏う雰囲気には圧倒されるものがあります。舞台裏では物腰が柔らかくて優しい目をした方だったので、リンクに上がるとどうしてあんなふうに変われるのかと驚きました。

芸術はセンスのあるなしで大きく左右されるもの。もちろん努力もされたと思いますが、芸術的な魂がもともと宿っている方なんだと思います。彼の演技は決して力任せにやっているものではないですから、たとえ年を重ねたとしても、その年齢ならではの表現ができると思う。だから今回、プロスケーターを引退すると聞いたときは、「なんで？」と。落ち着いて考えると、彼は完璧を求めているので少しでもブレたものは見せたくないのかなとも思いますが。せめて彼だけの引退公演をやってほしい。過去に演じてきた作品を1つずつ披露していくような、誰もやったことのないことをやって終わってほしいなと思う。そのぐらいもっともっと見たいと思うスケーターです。

私は美しいものが見たいからフィギュアを見るし、町田さんにはバレエのように動きや線の美しさがあった。解説では「トリプルアクセル」と一言で表されますが、同じジャンプでも降り方も違えば前後の流れも全然違う。見る人の好みによっても見方は変わってくる。フィギュアスケートとはどういうものなのか、何を評価するのか。もう滑ることを辞めてしまうという町田さんに、1度聞いてみたいですね。

**クリス松村**
音"楽"家（おんらくか）。オランダ・ハーグに生まれる。邦楽、洋楽問わずの音楽好きが高じて、番組出演にとどまらず、テレビやラジオの構成、監修も手掛ける。スポーツや芸術にも造形が深い。2018年11月14日に、選曲、監修オムニバスCD第2弾『Chris Music Promide』（MHCL-30563）がソニー・ミュージックより発売。

《あなたに逢いたくて～ Missing You ～》（2016年プリンスアイスワールド東京公演）　©M.Sugawara/Japan Sports

# Message for TATSUKI MACHIDA

町田樹さんとの最後の共演になった8月の「プリンスアイスワールド」広島公演は、本当に感動的でした。最終回は見ていて、身震いするような、鳥肌が立つような感じで、やっぱりすごいスケーターだなと心の底から思いました。もう相当体力も消耗していたはずなのに、全然そう感じさせない滑りでしたね。町田さんとは何年も共演を重ねてきましたが、つねに自分のプログラムだけでなく、キャストと一緒に絡むオープニングやフィナーレに関しても真剣に取り組んでくださっていました。たった1つの音もはずさない。音が少しずれるだけでも、何度も何度も練習しているんですよ。そうやって彼が一生懸命に取り組んでいるのがわかっているから、自然と、スタッフもキャストもみんな彼のためにできるかぎりのことをしてあげたいと思うようになる。「いいショーを作り上げよう」という思いでみんなが1つになるんです。町田さんがいてくれたおかげで、プリンスアイスワールドのキャストたちもとてもレベルアップした気がします。

私たちはショーを1ヵ月弱でハードに作りこんでいきます。長いナンバーの振付を覚えて、氷に広げて、何回も何回も何時間もかけて作りこんでいくんです。1人の演技ではないので、ラインが大事。少しの遅れやズレで全部がぶち壊しになってしまうので、みんな1回1回の練習を真剣にやっています。そういう私たちの意気込みを町田さんは感じてくれていて、「みんながどれだけ大変な思いをして、作ってきているかわかるだけに、自分もしっかりやらなくてはと思うんですよ」と言ってくれたのはとてもうれしかったですね。

じつは私は、町田さんがまだジュニアのころ、当時のコーチから頼まれて、1度プログラムの振付をしたことがあるんです。当時は物静かで言われたことを「はい」とすぐに動いてやってくれる選手という印象でした。でも、そのころから「それはこういうふうにやりたい」という意志を明確にもっていたように記憶しています。自分がやりたいと思うものが、幼いころからはっきりしていたのではないかと思います。

その後町田さんが選手としてどれだけ素晴らしい活躍をしたかは言うまでもないですが、町田さんがすごいのは、選手をやめてからも1年1年どんどん上手になって、スケーターとして成長していったところだと思います。もともと感性豊かなスケーターだったのでしょうが、いろいろなものを見て吸収し、彼のなかでいろんな感性がたくさん目覚めて、変化していったのだと思います。その現場に立ち会ってこられて私たちも幸せですね。

表現面だけでなく、技術的にも現役引退後さらに磨かれていった印象があります。徐々にフリーレッグの使い方とか重心の乗せ方など、スケーティング自体がとても美しくなった。さらに、スケーティングが磨かれたことで、ジャンプの精度も上がったような気がします。プロというのは自己満足の滑りではいけないもの。町田さんの滑りには、お客様に感動を与えるようなスケートをしたいという願いがはっきりと表れていて、けっしてミスは許されないとストイックに考えて滑っていましたね。

これまで町田さんは1人で滑ることに関して創造力を発揮してきました。今後はぜひ複数のスケーターを動かす振付にも取り組んでもらえたらうれしいですね。将来、彼がどういう感性をもって、何を作り上げていくのか……楽しみでなりません。

## 佐藤紀子 プリンスアイスワールド スケーティングディレクター

### Noriko Sato

## ショーにかける思いを共有してきた幸せ

**佐藤紀子**
1984年サラエボ・オリンピックのアイスダンス日本代表（パートナーは高橋忠之）。現在、KOSÉ新横浜スケートセンターを拠点にコーチ、コリオグラファーとして活躍。「プリンスアイスワールド」では、スケーティングディレクター・振付を務める。

PIWをスケーターとして引退する町田樹を「From Now On」に乗せてキャスト、ゲスト全員で送り出す（2018年プリンスアイスワールド広島公演）　©J.Song/Japan Sports

**小林宏一**
1985年東京都出身。2003年世界ジュニア選手権、2004年NHK杯出場。2010年に引退後、プリンスアイスワールドチームに参加。2014年からはラインキャプテンを務め、華やかでキレのあるダンスでチームをけん引。KOSÉ新横浜スケートセンターで後進の指導にもあたっている。2019年1月19、20日、プリンスアイスワールド長野公演(ビッグハット)に出演予定。

# 小林宏一
プロスケーター
プリンスアイスワールドチーム・ラインキャプテン

Hirokazu Kobayashi

## みんな樹のことが大好きです

　樹のことは子どもの頃から知っていましたが、ぼくが町田樹というスケーターに興味を持ち始めたのは、2013年のプリンスアイスワールド(PIW)で《白夜行》を見てからでした。リハーサルのとき、めちゃくちゃ好きなドラマの音楽が流れてきたので、「誰が使っているの!?」とリンクサイドに見に行ったら樹だった。サントラも持っているくらい大好きでずっと聴いていた曲だったんですけど、あの樹のプログラムを超えるものは出てこないんじゃないかと思うくらい素晴らしかった。「こんなに感情を込めて滑る子だったんだ!」と驚きました。ぼくも同じフィギュアスケーターですし、負けず嫌いでもあるので、あまり他のスケーターのことを認めたくはなかったんですけど、その壁をもうぶっ壊されましたね。(笑)

　以前から樹はPIWにゲストで来てくれていましたが、漂わせる雰囲気や印象が変わったと思ったのも、ソチ・オリンピックの前くらいからでした。「自分がオリンピックに行くのは必然だ」ということを言っているのを聞いて、かっこいいなと。なかなか言えることではないし、しかも有言実行でオリンピックに出て、世界選手権でも銀メダル。人って、こんなにも変われるんだと思いました。

　樹はPIWをすごく愛してくれて、高く評価してくれていました。でも、じつはぼく、けっこう疑い深いところがあって、最初は「世界メダルを獲るような樹が本当にそんなふうに思ってくれているの?」とどこかで思っていた。それが、本当なんだと思ったのが、樹が自分の出番以外は、ずっと裏のモニターでキャストのナンバーを見てくれていたのを知ったとき。その姿を見て、本気で言ってくれているんだなと、すごくうれしくなりました。終演後にも楽屋に来て1人1人と「ありがとう。またよろしく」って握手していくんですよ。そんな樹に、ぼくらキャストはすごく支えられていましたし、ぼくらも彼がプログラムを終えて戻ってくると「お疲れさま」と声をかけたりして、キャストと近い存在でいてくれた。

　今年のPIWでは、ゲストとキャストの本格的なコラボレーションが初めて実現したんです。これまでは、どうしてもゲストとキャストのあいだにお互い踏み入れない部分があるような感じだったんですが、今年はその壁がだいぶ壊れてすごく楽しい。樹とはコラボがあったわけではないんですけど、オープニングやフィナーレで、樹がキャストを迎えてくれるので、やっぱり出て行くと「おー、樹!」みたいな感じで気分が上がりました。

　樹の最後になったPIW広島公演では急遽セレモニーを準備しました。あれだけぼくらに協力してくれた町田樹が辞めてしまうわけだし、またなんらかのかたちで帰ってきてほしいという想いも込めました。樹からは「本当にPIWが大好き。これが終わりじゃないし、ぼくも何かのかたちで関わらせてもらうから、それまで宏一くんもがんばって」と声をかけてくれて……グッとくるものがありましたね。

　樹のプログラムは本当に素晴らしくて、プログラムというより1つの芸術。だから「来年はどんなものが見られるんだろう?」と楽しみにしていた矢先に辞めると聞いたときは、最初はちょっと……素直に「お疲れさま」とは言えなかったです。樹は本気で1つの作品としてPIWに参加してくれていて、その思いはキャスト1人1人にも伝わっていました。本当にみんな樹のことが大好きなんです。その大好きな人が選んだ道だから応援したいし、樹もブレずに自分の道を進んでいってもらいたい。それで、なんらかのかたちでPIWに戻ってきてくれたら、ぼくらはもちろん温かく迎えるので、また一緒にやっていけたらうれしいですね。

# Message for TATSUKI MACHIDA

## 芳賀竜也
### Tatsuya Haga
毎日新聞運動部記者

## 町田さんが紡いだ「物語」

**芳賀竜也**
1976年生まれ、札幌市出身。2002年毎日新聞社入社。09年4月に東京運動部へ異動し、フィギュアスケートや水泳などを担当。冬季五輪は06年トリノ大会、12年インスブルック・ユース大会、14年ソチ大会を取材。選手時代の町田樹さんは10年から取材した。

優れた選手であり、優れた解説者でもあった。フィギュアスケート担当記者として町田樹さんを取材した日々を思い返すと、そう強く思う。

「名選手は名コーチにあらず」と歴史は語る。卓越した才能を持つ選手は、自らの技能を当然のように感じてしまい、指導者として後進の才能を開花させることが難しいからだと言われている。だが、町田さんは常に自らを客観化し、発信する能力にたけていた。

町田さんは「純粋芸術としてのフィギュアスケートを目指している」と語った。だが、日本では空前のフィギュアスケート人気を背景に、お茶の間をも魅了した。身体表現以外の「物語」は、必ずしも日常的に芸術に接している訳ではないお茶の間の理解も助ける。そんな文脈の中で、町田さんが紡ぐ言葉の数々は人々の心を捉えた。

象徴的だったのは、ショートプログラムで当時の世界歴代3位となる98.21点をたたき出した2014年世界選手権（さいたまスーパーアリーナ）だ。演目は《エデンの東》。このシーズン、町田さんはジョン・スタインベック（米国）の著作を原書で読み、その一節から「ティムシェル」（ヘブライ語で「自分の運命は自分で切り拓く」の意味と自ら解釈）とのテーマを得て臨んだ演技であることを人々は知っている。

静かに奏で始める音楽に身を委ねながら、冒頭の4－3回転トループをはじめ、その他の演技要素でも9人の審判が出来栄え点ですべて加点する完璧な演技に、町田さんは「音楽の一音一音を聞き漏らすことなく、それに忠実に動くことができた。『町田樹史上最高傑作』をお届けできた」と語った。名演技に対する、自らの「名解説」だった。

町田さんの人柄を語る取材上のエピソードを一つ、ご紹介したい。ある日、私は町田さんに個別取材を申し込んでいたが、トラブルが重なり、取材に応じることができなかった。選手のコンディションなどでこのようなことはよくあり、私は「また次回かな」と考えていた。だが、町田さんサイドから「午後から臨海スポーツセンター（大阪府高石市）に来てほしい」との連絡があった。

臨海ではもちろん、自らの練習があった。「もしかしたら練習後、取材に応じてくれるのかも」と淡い期待を抱き、帰りの新幹線の時間も気にしながら待っていると、町田さんはリンクサイドの私に近寄ってきた。「今日は本当に申し訳ございません。今日の休憩時間は全部、芳賀さんの取材に応じますので、何回でも聞いてください」。練習、取材、練習、取材……。私は町田さんの誠実さに脱帽した。

町田さんはプロからも引退する。「学業に専念したい」というのがその理由だが、「将来的には研究者としてフィギュア界に必ずや貢献できるように頑張る」とも語っている。平昌冬季五輪のテレビ解説は圧巻だった。個人的には、現役時代から自らの演技を解き明かした名解説者として、リンクサイドに戻ってきてほしい。町田さんの「ティムシェル」に幸多かれ。■

《エデンの東》（2014年世界選手権SP） © Japan Sports

# 大西勝敬 コーチ
Yoshinori Onishi

## 20年辛抱してチャンスをつかんだ

**大西勝敬**
大阪府大阪市出身。1973年全日本選手権3位。引退後はインストラクターとなり、1988年カルガリー・オリンピックへは加納誠、2014年ソチ・オリンピックへは町田樹のコーチとして帯同した。現在、大阪府立臨海スポーツセンターでヘッドコーチとして活躍。

© World Figure Skating

　町田樹は真面目な男です。きちっと区切らないと進めないタイプで、決して器用ではない。現役を辞めたときも、予兆はあったんです。オリンピックの次のシーズン、いつごろだったか、「もうスピンは教えていただかなくていいです」と言う。「ああ、終わるな」と察して、その後いつどういうふうに切り出すかなと思っていました。引退を発表したのは、長野の全日本選手権での世界選手権代表発表のときで、発表が男子の試合の翌日だったから、ぼくはもう大阪に帰っていたんです。家のこたつでゆっくりしていたら、「現役引退、代表を辞退する」という一報が入ってね。びっくりして、嫁と顔を見合わせて、「あの子らしいね」と。

　彼の情熱的な滑りや強烈な魅力は、もともと彼がもっていたものなんじゃないかとよく思ったことがある。教え始めたとき、ぼくは、全日本9位で気落ちしていた彼に、ネガティブな言葉は口にしてはいけないと言い聞かせたけど、町田自身は控え目に話していたことがマイナスだったことに気づいたのか、どんどん有言実行になっていったよね。

　ソチ・オリンピック代表に決まる前は、ものすごく練習しましたよ。ちょっと異常なくらいに。早朝練習のあと、マンツーマンで練習を続けて、彼も調子が悪いときは「うわーっ」と吠えてね。いろいろなものが肩に乗っていて、本当にしんどかったんでしょう。それで、ぼくが綺麗な氷の上で何度も丸くスケーティングをして、5、6回同じところを回ると、氷に線が白く浮かんでくるんですよ。20分くらいかけて、トレースで五輪の輪を描いてやってね。黙ってやっていると、彼にもそれが伝わって、また練習に打ち込めるようになる。目標はオリンピックに出ることで、彼は「先生にすべて任せます」というスタンスだったから、ぼくが提案する練習は全部消化した。いまどき、22歳くらいの子が、それだけ信頼して1つのことに打ち込むのは珍しいことですよね。「ぼくのホームリンクはここです」といって、臨海スポーツセンター以外では練習しようとしなかった。

　これはあまり言ったことがないんだけど、ソチ・オリンピックの際もそうですが、たとえばプルシェンコが同じグループで滑っていようが、目の前でジャンプを誰が跳ぼうが何しようが、関係なかった。もう町田しか見ていなかった。いつも町田しか見ていないから、他の子がどんな演技をしたか知らない。嘘じゃないんですよ。ぼくは観戦に来ているのではなく、この子のためにきているんだから、その戦いにマイナスになるようなことは一切しない。そういう主義です。

　いちばん印象的だった演技は、さいたま世界選手権のショートとフリー。じつは、オリンピックが終わって、町田にぽろっと言ったんです。「今度の世界選手権は獲りにいこう」って。0.33差で負けたからむちゃくちゃ悔しかったけど、その気持ちはたぶん伝わったと思う。町田には本当に感謝しています。多少でもぼくの経験を通じて、手助けができてよかった。

　町田はオリンピックの年に全日本2位になり、世界タイトルを争うところまで行った。彼を表現するぴったりの言葉をこの間本で読んで見つけたんだけど、米国のコメディアンのエディ・カンターが「1夜にして成功するには20年かかる」と言っているんです。ああ、まさにそれだと思った。彼はそのために20年耐えて、辛抱してきたわけです。辛抱の末にやってきたチャンスをつかんだ。偉いですよ。

　スケーターを引退してからも、フィギュア界の発展に尽くしてくれるだろうと思います。いまは勉強をして、たくさんの選択肢を模索する時期。「がんばれ、がんばれ」、ぼくが言えるのはそれだけです。何をやっても一流になる能力を備えた子だから、今後もどんどん発揮していってほしいです。■

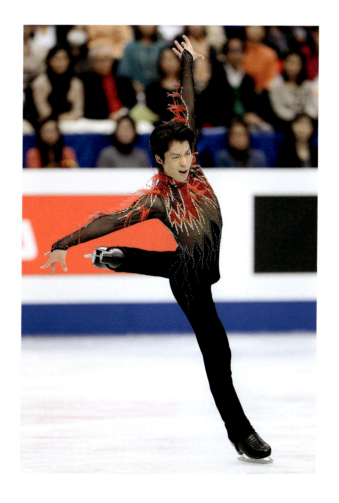

《火の鳥》（2014年世界選手権FS） © Japan Sports

## フィリップ・ミルズ 振付師
Phillip Mills

### バレエ・ダンサーの思考とアスリートの強さ

　私は3シーズンにわたって町田樹と過ごしたが、彼との間に感じた素晴らしい結びつきは、過去の偉大なフィギュアスケーターとの間には決して感じたことのないものだった。彼の最大の財産は、バレエ・ダンサーの思考法とアスリートの強さの両方を兼ね備えていることだと思う。バレエ出身である私は、バレエ・ダンサーに対してと同じやり方で練習できるトップスケーターに惹きつけられたのだ。2人の旅路は、私を芸術的に満たしてくれるものであると同時に、日本で鍛錬された樹の美しい基礎をさらに磨き上げ、彼の別の側面を発展させるものとなった。

　樹に初めて会ったときのことははっきり覚えている。レイクアロウヘッドのアイスキャッスル国際トレーニング・センターだった。彼は夏の合宿に来たのだったが、この若者のスケートに対する真剣さに私は強い印象を持った。練習の準備のため私の傍を通り過ぎた彼の身のこなしに感銘を受けたことをいまも思い出す。物静かな戦士のように感じたのだ。アンソニー・リュウから紹介された際も彼は礼儀正しかった。そのとき私たちが遠からず一緒に練習をすることになろうとは2人とも気づいていただろうか。

　私が樹に初めて振付けた作品は《火の鳥》だ。私は長い間バレエ《火の鳥》でイワン王子と魔法使いカスチェイを踊ってきた。しかし、このときは樹を「火の鳥」としてバレエ作品にまったく新しい視点をもたらそうと考えた。たいてい「火の鳥」は女性が踊るものだが、私は樹のなかにフィギュアスケートのヒーローを見たのだ。そのことに興奮したものだ。これは起こるべくして起きたコラボレーションだとすぐに2人とも気づいたのだと私は確信する。次のシーズン、樹は《エデンの東》を滑りたいと言った。その理由を尋ねると、彼はミシェル・クワンを尊敬しているからと答えたのである。そこで私は町田樹の《エデンの東》を、やはり私の教え子だったミシェル・クワンへの賛歌として作ることにした。そして3シーズン目、《ヴァイオリンと管弦楽のための幻想曲》と《交響曲第9番》を振付けていて、私は樹のなかに自分のミューズを見出した思いだった。

　音楽性とは高めることができるものだと思うが、しかし、音楽性を持っているアーティストと持っていないアーティストがいる。音楽は樹にとってすべてだった。振付のなかで私が望んだニュアンスとダイナミズムに彼は細心の注意を払ってくれたものだ。カリフォルニアで《交響曲第9番》の振付を始めたときのことを思い出す。冒頭、私は彼に15秒間、目を閉じたまま立たせようとした。始まりの静かな姿勢で音楽に十全に身を委ねてほしかったのだ。人は目を閉じたとき、視覚以外のほかの感覚、つまり聴覚や嗅覚を研ぎ澄まして用いざるを得なくなる。それこそ私が求めたものだった。

　《火の鳥》を振付ける際も、創作の始まりは音楽だった。樹がこの曲のなかで自分の好きなパートを持ってきたが、この場合は私がすべて手を加えた。振付に意味を持たせるためにも元のままの曲順であるべきだったからだ。まずはアイスキャッスルの氷の上の鏡の前に立ち、樹にポール・ド・ブラ（腕の構え）を取らせるところから始めた。アシュリー・ワグナーに《ブラック・スワン》を振付けたときと同じだ。そのポーズは卓越したもので、樹はバレエを滑ろうとするスケーターではなく、まさしくバレエ・ダンサーそのものだった。私は彼に、外に出て鳥の動きを観察してくるように伝えた。鳥がどんなふうに頭を動かしているか見てきなさい、それが自らの本物の動きに変貌することによってこのバレエが再現できるのだから、と。私の振付はとても自然（オーガニック）で、それぞれのスケーターの個性に向けて即座に作り上げていくものだ。かつてエカテリーナ・ゴルデーワからは、私が求めるものが明確ではっきり示すことができるところが気に入っていると言われた。ゴルデーワにはテレビのショーで2作品を振付けたことがあるのだ。私の創作のプロセスは、シングルスケーターであれ、ペアやアイスダンスであれ、まったく同じだ。

　「樹がフィギュアスケーターになっていなかったら、バレエ・ダンサーになっていたと思うか」とは、とても興味深い質問だ。というのも、樹はこれまで私が練習してきたなかで唯一バレエ・ダンサーだと感じた男性フィギュアスケーターだからだ。女性スケーターでバレエ・ダンサーだと感じたのは、ただ1人サーシャ・コーエンだけだった。クラシック・バレエ出身のコリオグラファーにとって、このような2人のスケーターと出会えたことは、たいへん名誉なことだ。

　樹がプロスケーターになってからの演技も見ている。彼がまるでバレエの世界のように構成されたプログラムを作り上げたことは、私にとっては驚きではなかった。彼がたんに足元だけでなく全空間を用いて作品を作り上げていることを私は愛する。純粋なクラシックの美にあふれた《ドン・キホーテ ガラ》では、樹の背後にコール・ド・バレエ全員の姿が浮かび、オーケストラピット

から音楽が立ち上がってくるように思えた。衣裳もメイクもまさにふさわしいもので振付もエキサイティングだ。世界中のどのバレエ団で上演されてもおかしくないくらいに、よくバランスが取れている。

有名な振付家モーリス・ベジャールはバレエ《ボレロ》を振付け、男性ではジョルジュ・ドンが踊り、女性ではスザンヌ・ファレルが踊った。かつて我々もやったように、氷上にフィギュア（図形）を描きながら始まるという樹の《ボレロ》の作り方が私は好きだ。エッジの傾きと円形が要求する特異性がたいへん優れており、それが何度も繰り返され、心に刻まれる。照明も衣裳もこの《ボレロ》に完全にふさわしい。樹の幅広い知識が自らの洗練された振付をさらに深めているのだ。

樹、君がフィギュアスケーターとしてだけでなく、卓越した人間性を持つ者として、この世界に差し出してきたすべてを、私は誇らしく、またうれしく思う。教師と生徒として過ごした2人の時間は、いつまでも私の胸の奥底に残り続けるだろう。■

### フィリップ・ミルズ

器械体操、バレエのキャリアを経て、著名コーチのカルロ・ファッシのもとでフィギュアスケートのコリオグラファーとして経験を積む。ミシェル・クワン、サーシャ・コーエン、エカテリーナ・ゴルデーワ、アシュリー・ワグナーらに作品を提供。2012-13シーズンより3季にわたり町田樹とコラボレーションし、《火の鳥》《エデンの東》《ヴァイオリンと管弦楽のための幻想曲》《交響曲第9番》を振付けた。

《エデンの東 セレブレーション》（2014年カーニバル・オン・アイス）　©Japan Sports

# REVIEWS

# 町田樹振付作品レビュー
《継ぐ者》から《ボレロ：起源と魔力》まで

文：浜野文雄（「ダンスマガジン」編集委員）

初出：《継ぐ者》「アイスショーの世界」2015
《あなたに逢いたくて～ Missing You ～》「アイスショーの世界2」2016
《アヴェ・マリア》　書き下ろし
《ドン・キホーテ ガラ2017：バジルの輝き》「アイスショーの世界4」2017
《白鳥の湖：ジークフリートとその運命》　書き下ろし
《ボレロ：起源と魔力》「アイスショーの世界5」2018

## 継ぐ者　THE INHERITOR

## 町田樹、あるいは明日への祈り

**町田樹の新たな旅立ち**

　昨年12月全日本選手権での衝撃の引退後、町田樹が初めて人々の前に姿を現した。4月25日から開幕した「プリンスアイスワールド2015横浜公演」。

　暗闇のなかに彼の姿がおぼろげに浮かび上がった。鳥の羽のように大きく広げられた腕がゆっくりと下ろされていく。やがて両手を合わせると、その手に集めたエネルギーを一気に解き放つかのように両腕を天に投げ上げた――。

　こうして始まった新プログラムは、《継ぐ者》と名づけられている。町田自身の振付。《白夜行》《Je te veux》に次ぐ3つ目の創作となる。音楽はフランツ・シューベルトのピアノ曲「4つの即興曲作品90/D899」より第3番。使用音源は編集してつなぎ合わされることも多いが、今回はその曲すべてを使っている。上演時間6分弱。フィギュアスケートのプログラムとしては異例の長さだ。町田のこの音楽に対する並々ならぬ思い入れを感じさせる。

**ベートーヴェンからシューベルトへ**

　町田が《継ぐ者》に込めた意図を音楽の面から解き明かしてみよう。

　シューベルトは31年という短い生涯のなかで、交響曲、オペラ、室内楽、ピアノ曲、歌曲など、1000曲にも及ぶ作品を書き残した。ベートーヴェンの27年後に生まれ、その死の1年後に亡くなっている。ベートーヴェンの後半生と同じ時代を生き、尊敬してやまないベートーヴェンの音楽に学びながら、美しい旋律に満ちあふれた音楽を生み出していったのだ。音楽史的に言うと、シューベルトは古典主義からロマン主義に移り変わる過渡期に活躍した作曲家。モーツァルトやベートーヴェンが作り上げた古典派の伝統を受け継ぎながら、シューマン、ブラームスへと連なるロマン派への道を開いたのである。「4つの即興曲」はベートーヴェンが亡くなった1827年に作曲された。シューベルトはベートーヴェンの葬列に松明をもって参列している。作曲の正確な日付は不明だが、ベートーヴェンの死を承けて書かれた可能性は高い。現役最後のシーズンのフリーにベートーヴェン「第九交響曲」を選び、フィギュアスケートという芸術表現の極北を目指した町田にとって、次にシューベルトの音楽を取り上げるのは自然な流れだったのかもしれない。ベートーヴェンの音楽の遺産を受け継ぎ、その富を次の世代へと手渡したシューベルトの姿に自らを重ね、フィギュアスケートにおいてやはり選手から選手へと手渡されてきた連綿たる伝統と歴史に想いを馳せただろうことは想像に難くない。

　演奏は日本人ピアニスト、今井顕によるもの。町田から今井に彼の演奏を音源に使いたいと連絡があったのは昨年のことだったという。年末の全日本選手権で無良崇人たちに「後は託した」と告げたとき、《継ぐ者》の構想は町田のなかにすでに胚胎していたのではないだろうか。

**音楽への新たな挑戦**

　息の長い美しい旋律がアルペジオの豊かな響きに乗って歌われる。まるでシューベルト自身の心のつぶやきを耳にしているかのようだ。町田はその音符の1つ1つを丁寧に掬い上げ、音楽そのものを優しく包み込むようにステップを踏んでいく。ドラマティックな起伏のないシューベルトの音楽は、決してフィギュアスケート向きとは言えない。その静謐で内省的な曲のなかでしかできない氷の表現を見せること、それが今回、町田が自らに課した挑戦だったのだろう。その指先、その上体が見せる繊細かつ雄弁な表現が、また足先が氷上に刻んでいく美しい軌跡が、シューベルトの典雅な旋律と溶け合って観客の心に沁み込んでいく。

　プログラムに入れられた7つのジャンプの軌跡も、音楽の流れに寄り添うように、どこまでもなめらかだ。3トウループ、2アクセル、3ループ、3ループ、3フリップ、3サルコウ、3ルッツ……フィギュアスケートの歴史において生み出され、磨き上げられてきた6種類のジャンプがすべて織り込まれている。それは町田自身が過去の偉大な伝統として受け取ってきたものだ。そして、彼はその伝統を今度は次の世代へと手渡していくのである。

　メタ・シアターという言葉がある。演劇そのものをテーマとすることによって、演技や演劇の根拠を問い、見る者に演劇について考えさせる芝居のことだ。シェイクスピアの『ハムレット』が有名。《継ぐ者》の振付も同じ構造を持っている。シューベルトの音楽について、そして町田樹自身について語りながら、同時に彼が愛してやまないフィギュアスケートという芸術そのものについて観客に語りつづけているのである。

　上演のたびに町田樹の《継ぐ者》はいっそう表現が研ぎ澄まされてきている。そのさらなる深化も楽しみなところだが、彼のなかでは次のプログラムの構想がすでに生まれているに違いない。今度はどんな驚きと感動をもたらしてくれるのだろうか。観客はその日をいまから楽しみに待っている。

（2015年プリンスアイスワールド横浜公演）

## あなたに逢いたくて MISSING YOU

# 呼び交わす恋人たちの想い

　シューベルト「即興曲」の美しい旋律と向き合った町田樹が、次に松田聖子の歌声で滑ることになるとは、いったい誰が想像しえただろうか。

　4月30日に開幕した「プリンスアイスワールド2016横浜公演」。昨年の《継ぐ者》に続いて発表された新作は《あなたに逢いたくて～ Missing You ～》。イントロを聴いただけで「あ、あの曲だ」とわかった人も多いだろう。1996年に発表されミリオンセラーとなった名曲である。彼女の歌声に誘われて、町田はそっと頬に指を寄せ、そして滑りはじめる。まるで2人の恋の思い出を振り返るように……。

　2014-15シーズンよりISUはシングル、ペアでも競技会でのヴォーカル曲の使用を解禁した。それ以前からEXではヴォーカル曲が頻繁に用いられてきたが、しかし、現在に至るまで歌詞と真摯に向き合って創作されたプログラムはそう多くはない。そう考えると、《継ぐ者》でクラシック音楽とフィギュアスケートとの交響を究めようとした町田が、次に「歌詞」との関係に向かうのは自然な流れだったかもしれない。

　しかも、もともと日本には音楽の旋律ではなく歌詞に振付ける伝統がある。能や歌舞伎舞踊がそうだ。ヴォーカル曲へのアプローチにおいて、日本は西欧以上に大きな可能性を秘めているはずなのだ。

　1980年にデビューするや一躍トップアイドルとなった松田聖子は、1990年代に入ると自ら本格的に作詞や作曲に取り組むようになる。「あなたに逢いたくて」はその最大のヒット曲だが、愛する人に別れを告げた女性が恋の思い出を抱きしめつつ前へ進もうとする姿を描いている。彼女はあなたに逢いたいとかつての恋人に呼びかける。眠れない夜はあなたのぬくもりを思い出す、と。個人的な経験に深く根ざしながら同時に普遍的な感情にまで昇華されたこの歌を聴くとき、1人1人が自身の記憶を呼び覚まされることだろう。

　町田の滑りはその「私」の呼びかけに応えるものだ。本人が「相聞歌」──恋人同士の間で詠み交わされる歌──と呼ぶ通り、「私」の想いに「あなた」が返歌を送る。彼の上体の動きはバレエ・ダンサーのように雄弁だ。組んだ両手で頭を包み込むような仕草が、そっと頬や胸に手を添える仕草が、肌を合わせたぬくもりの記憶を見る者の身体にも蘇らせる。風を切るように氷上を走る速度が恋の高まりを告げ、何度も繰り返される、手を差し伸べつつも後方に進む滑りがすべては過去の出来事であることに思いを至らせる。リンクは艶めいた空気を帯びる。

　真の音楽性とは、音符と響きあうもうひとつの音楽を自分の身体で奏でることだが、ここで町田樹は松田聖子の詩の上に自らの身体でもうひとつの詩を刻んでいるのだ。こうして「私」と「あなた」の2人の想いが響きあい、この恋の小宇宙が永遠の美しい結晶として氷上に刻印される。《継ぐ者》と同じように、《あなたに逢いたくて》は芸術的に完成された作品であると同時に、フィギュアスケートというアートをさらに進化させようとする町田樹からスケート界への提言でもあるだろう。観客の期待を華麗に裏切りながら、再び新たな地平を切り開いた町田に、観る者は大きな喝采を贈り続ける。

（2016年プリンスアイスワールド横浜公演）

## アヴェ・マリア AVE MARIA by Chris Botti

# トランペットの息遣いとともに

　オーケストラの精妙な響きがさいたまスーパーアリーナを包む。そこに拍手の音が重なり、町田樹が姿を現す。客席に向かって両手を広げ、氷の上に足を踏み出すと同時に澄み切ったトランペットの音が高らかに会場に鳴り渡った──。

　世界的ジャズ・トランペッター、クリス・ボッティとボストン・ポップス・オーケストラによるシューベルト「アヴェ・マリア」だ。音源は、2008年、ボストン・シンフォニー・ホールでのコンサートを収録した「クリス・ボッティ・イン・ボストン」。冒頭の拍手の音も、ステージに登場したボッティに向けたボストンの観客のものである。

　《継ぐ者》と《あなたに逢いたくて》が何らかの物語を見る者に呼び起こしたのに対し、《アヴェ・マリア》はそうした物語性をいっさい排し、町田が音そのものに化したかのように見える。

　演奏家が集まって音楽を奏でるとき、ダンサーがともに踊るとき、息を合わせてひとつになる。文字通り呼吸を合わせるのだ。そのことによって、パフォーマンスの魅力は幾重にも増す。息こそ、パフォーミングアーツの鍵のひとつと言っていい。優れたパフォーマンスでは、演者は観客の呼吸をも支配する。その音楽のうねり、その感情のうねりに、観客も一緒に身を任せ、息を合わせていくのである。

　演奏の息遣いを感じさせるのに、管楽器ほどふさわしいものはない。町田はボッティのトランペットの音色と、彼の息遣いと、自らのスケーティングをひとつにする。町田のステップが、緩急自在に氷上をたゆたうボッティの音楽と溶け込んでいくかのようだ。ジャンプがひとつもない振付は異例とも言えるが、トランペットの繊細な音色は、派手な表現を求めていない。祈りを思わせる静謐で穏やかな滑りだ。

　一息でまっすぐに美しい音色を響かせる、15秒以上にも及ぶロングトーンで、町田はさいたまスーパーアリーナの広大な氷の端から端までを、バレエのアラベスクを思わせる姿勢で渡っていく。その町田の滑りにボッティの見事な演奏を讃えるボストンの観客の拍手がかぶさり、息を呑んで演技を見つめていたさいたまスーパーアリーナの観客の嘆声が重なる。時空を超えていくつもの息遣いがひとつになった瞬間だ。ひとつの姿勢を保ったまま長い距離を移動するのは、まさにフィギュアスケートでしかできない表現。町田は、この広大な空間を十全に使い切って、フィギュアスケートが持つ表現の魅力を歌い上げたのである。

　シューベルトの、そしてボッティの音楽に、感謝の祈りを捧げるように、町田は氷に跪き両手を合わせる。《アヴェ・マリア》の至福の時間はこうして幕を閉じた。

（2016年ジャパンオープン）

## ドン・キホーテ ガラ 2017：バジルの輝き　DON QUIXOTE GALA 2017 : Basil's Glory

# 驚きのマリアージュ

「私を驚かせてごらん」

若き日の詩人ジャン・コクトーにセルゲイ・ディアギレフが投げかけた言葉だ。ディアギレフは20世紀初頭、バレエ・リュスを率いてヨーロッパに未曾有のバレエ・ブームを巻き起こした大プロデューサー。この言葉に触発されたコクトーは、たとえば映画では『美女と野獣』を、バレエでは振付家ローラン・プティと組んだ『若者と死』を世に送り出し、イマジネーションあふれる傑作の数々で人々を驚かせ続けた。

優れた芸術には必ず「驚き」が潜んでいる。その驚きが新たな世界の見方に気づかせ、感動をもたらすのだ。この「驚き」に対して、町田樹は意識的であるように見える。《継ぐ者》《あなたに逢いたくて》《アヴェ・マリア》、いずれも観客をおおいに驚かせ、フィギュアスケートに対する新たな視点を差し出してきたのだから。

2017年4月、プリンスアイスワールド（PIW）で発表した新作《ドン・キホーテ ガラ2017：バジルの輝き》もまた、驚きに満ち満ちていた。

バジルとはバレエ《ドン・キホーテ》の男性主人公の名前。真紅のカーテンが浮かび上がると、オーケストラのチューニング音がリンクに響きわたる。指揮者の登場を待つ開演直前の劇場のようだ。カーテンから登場した町田が、無音のなか、トリプルルッツを決めると、《ドン・キホーテ》の音楽が高らかに鳴りだす。1曲が終わるごとに暗転する構成は、バレエと同じ3幕仕立てという趣向。フィギュアスケートではこれまで考えられなかった演出に、誰もが驚きを禁じえなかっただろう。

音楽は、バレエの最後を飾るグラン・パ・ド・ドゥ。クラシック・バレエ最大の見せ場である、主役2人による踊りだ。紆余曲折を経て結婚を認められたバジルと恋人キトリが踊る。古典ではパ・ド・ドゥの形式は厳密に定められており、緩やかな曲調で2人が踊る①アダージョ、ソロでそれぞれが妙技を見せる②男性ヴァリエーションと③女性ヴァリエーション、締めくくりに2人で踊る④コーダから成る。町田が使ったのは、②と①と④、すなわちバジルが踊るパートすべてである。

《バジルの輝き》第1幕（②）は、男性ダンサーが自らの超絶技巧を見せつけるバレエの演出そのままに、ジャンプやスピンなどのテクニックを全開にする。動きや構成はバレエの振付に沿っており、町田の演技はバリシニコフ、デュポン、熊川哲也、シムキンら、歴代の名バジル・ダンサーの踊りを彷彿とさせるものだ。第2幕（①）では、アダージョの美しい音楽に乗せて、フィギュアスケート本来の醍醐味であるエッジワークを堪能させる。そして、第3幕（④）ではベストを黒から緋色に変えて、リンクを一杯に使った明るく軽かな滑りで観客を興奮の絶頂へと巻き込んでいく。今回町田は初めてPIWのゲストスケーターのトリを務めたが、《ドン・キホーテ》終幕のクライマックスの音楽を用いたプログラムはまさにショーのトリを飾るにふさわしい。《継ぐ者》《あなたに逢いたくて》のメランコリックな世界から一変した、軽快で陽気な作風には驚かされるが、優しげな笑顔を浮かべて舞う町田はこの振付を心から楽しんでいるようだ。バレエ・ファンが見ても楽しめる作品であり、町田の身体のラインや身のこなしはときにバレエ・ダンサーを思わせる。

横浜公演初日の会見で町田は語った。「バレエの世界はもとより、フィギュアスケートの世界においても魅力的な演技が多いですが、有名なところではジョン・カリーやマーク・ミッチェル、本田武史さんたちが素晴らしい《ドン・キホーテ》を残している。そうした過去の名作からインスピレーションを受けて作りました」

過去の名作が参照され、引用される。オマージュであり、フィギュアスケートの歴史と伝統を受け継ぐことの表明だ。そして、そのバトンを手渡す後進へのメッセージでもある。この伝統の継承と未来への視線を、《継ぐ者》以来ずっと、町田の作品と演技の底に流れていることは間違いない。

《ドン・キホーテ ガラ 2017：バジルの輝き》はこの後、PIW東京公演と日光公演、そして10月の「Japan Open 2017」での最終公演まで続く。その間に町田の演技がどのように研ぎ澄まされ進化していくか、観客は心待ちにしている。

（2017年プリンスアイスワールド横浜公演）

## 白鳥の湖：ジークフリートとその運命　SWAN LAKE : Siegfried and His Destiny

# 氷上に憂愁の王子を描き出す

フィギュアスケートは氷上で物語を語ることができるのか──。同じく言葉のない身体表現であるバレエは、演劇と音楽の両極を行き来しながら、《ロミオとジュリエット》や《椿姫》を生み出してきた。それでは、フィギュアスケートは？

たとえばロシアでは、大掛かりなスペクタクルとして物語を描く試みが盛んだ。しかし、舞台装置も何もない氷の上で、ただ1人で物語を描き出すことは可能なのか。その1つの答えが、町田樹の《白鳥の湖：ジークフリートとその運命》だ。タイトルからもわかる通り、バレエ《白鳥の湖》に基づいて、ジークフリート王子の内面の物語を全3幕で描く。

チャイコフスキーの3大バレエのなかで《白鳥の湖》は特異な位置を占める。《眠れる森の美女》は100年の眠りから覚めるオーロラが、《くるみ割り人形》は聖夜に不思議な冒険をする少女クララが間違いなく主人公だ。しかし、《白鳥の湖》は、バレリーナの代名詞とも言うべき白鳥姫オデットではなく、彼女に恋する王子ジークフリートこそ真の主人公ではないのか。そう主張する振付家たちが現代の《白鳥の湖》を作ってきたのである。

初めてジークフリートに光を当てたのは、自身も傑出したダンサーだったルドルフ・ヌレエフ。1962年、彼は第1幕に王子の内面的なソロを挿入し、《白鳥の湖》をオデットの物語からジークフリートの物語に変えたのだ。それを承けて、オデットは憂愁の王子が夢見た幻想としたのがジョン・クランコ版（1963）。ジョン・ノイマイヤーは、ジークフリートにバイエルンの狂王ルートヴィヒ2世を重ね合わせた、独創的な《幻

想・「白鳥の湖」のように》(1976)を発表した。この延長上に、白鳥を男性にして王子の内面を深く描き出したマシュー・ボーン版 (1995) が登場する。町田樹の試みもこの系譜に属すると言っていい。

チャイコフスキーの序奏が流れるなか、スポットライトが誰もいない氷の上を照らす。やがて、ジークフリートの姿が浮かび上がる。第1幕。オデットとの愛のアダージオの旋律に乗せたステップとスピンは、憂愁に閉ざされた王子の想いと愛への憧れを伝えて止まない。第2幕は、オデットと瓜二つの女性オディールを前にした王子。悪魔ロットバルトの罠とも気づかず、有名なグラン・パ・ド・ドゥの音楽とともに愛の高まりを歌い上げる。永遠の愛を誓ったそのとき、騙されたことに気づくももう取り返しはつかない。リンクをさまよう滑りが王子の苦悩を表現する。第3幕。オデットに許しを乞い、悪魔に立ち向かおうとする王子。ステップは激しさを増し、自ら運命を切り拓こうとするが、闇に飲み込まれてしまう。再び明るくなった氷上に、1枚の羽を手に喜びの表情で立つ王子の姿が。彼は天上でオデットと結ばれ、求めていた精神の自由を得たのだ――。

舞台装置も、恋を語らう相手もいない。氷上でただ1人物語を描く野心作は観客を驚愕させた。客席を赤く染め上げるなど、空間を縦横に変容させる照明も相まって、フィギュアスケートが無限の可能性を秘めていることをこの作品は示している。

(2017年カーニバル・オン・アイス)

### ボレロ：起源と魔力 BOLÉRO : origine et magie

## フィギュアスケートに捧げる氷上の死

「この旋律は執拗な性質を持っていると思わないかい？　ぼくは何回もこれを繰り返すつもりだ。何も展開させず、オーケストラを徐々に膨らませながら」
《ボレロ》の作曲に取りかかる前、モーリス・ラヴェルは友人にそう語った。我々が耳にする音楽はその言葉のとおり、さまざまに楽器の組み合わせを変え同じリズムと旋律を繰り返しながら次第にクレッシェンドし、最後、絶頂に達する。

町田樹はこの曲にまったく新しい物語を見出した。スケートの魅力に取り憑かれた1人の男の物語である。単調な旋律とリズムの繰り返しが生む魔力が、人を捉えて放さない力をもつフィギュアスケートそのものに重ねられる。題して、《ボレロ：起源と魔力》。約15分の曲を8分ほどに編集しているが、聴きなれた耳にも違和感はまったくない。

夜明け。ドイツの霧深い森の奥だろうか、凍った湖の上。男は湖面を足で叩いてその硬さを確かめると、愛おしむように指先で氷に触れ、そして氷上に図形を描きだす。はじめは小さかったその軌跡はやがて大きくなり、リンクの際まで広がっていく。男は恍惚とした表情で滑り続け、ステップはどんどん複雑さを増す。まるでフィギュアスケートという芸術の誕生の瞬間を目の当たりにするかのようだ。

町田樹の創作活動は、フィギュアスケートにおける表現とは何かという問題意識に貫かれている。彼はその1つ1つの表現について、自分なりの回答を作品として提示してきた。それはジャンプ《継ぐ者》やスパイラル《アヴェ・マリア》であり、歌詞との関わり方《あなたに逢いたくて》やバレエの技法《ドン・キホーテ ガラ2017：バジルの輝き》であり、また物語を氷上で語ること《白鳥の湖：ジークフリートとその運命》であった。もちろん、いずれの作品においても音楽そのものの表現がもうひとつの主題であることは言うまでもない。

最新作《ボレロ》において町田が提示したのは、フィギュアスケートの起源である「氷上にフィギュア（図形）を描くこと」だった。コンパルソリーであり、ステップである。古来、図形には曼荼羅をはじめ魔術的な力が備わっていると信じられてきた。たとえば、人は昔から円を作って踊った。呪術的な力をその身に宿すためである。ベジャールはベートーヴェンに振付けた人類賛歌《第九交響曲》で舞台上にいくつもの円を描き、ダンサーにも円陣を形作らせた。フィギュアはまた舞踊の起源とも重なる。

ラヴェルが「ボレロ」をバレエ音楽として作曲したことはあまり知られていないかもしれない。初演は1928年パリ、イダ・ルビンシテイン舞踊団。稀代の興行師ディアギレフ率いるバレエ・リュスの花形として一世を風靡したルビンシテインが自ら主役を踊った。振付は、伝説的ダンサー、ニジンスキーの妹で、自身も優れたコリオグラファーだったブロニスラヴァ・ニジンスカ。以後、赤い円卓の上で踊られるモーリス・ベジャール振付 (1961)、椅子や煙草を小道具に熊川哲也が洒脱に舞ったローラン・プティ振付 (1999)、映像も駆使して万華鏡のようにダンサーが旋回するシェルカウイ／ジャレ振付 (2013) など、数多くの作品が世に生み出されてきた。もちろん「ボレロ」はフィギュアスケートにおいても特別な音楽であり続けている。アイスダンスに革命を起こしたトーヴィル＆ディーンに始まり、エフゲニー・プルシェンコ、ミシェル・クワン、エヴァン・ライサチェク、カロリーナ・コストナー……いずれも観客の脳裏に鮮やかに刻まれたプログラムである。

ルビンシテインによる初演はスペインの酒場が舞台。巨大な円卓の上で女が踊りだす。取り憑かれたように踊りが激しくなるにつれ、男たちが円卓のまわりに集まり、踊りの興奮が頂点に達した瞬間、曲は終わり、照明が消える。世界的に有名なベジャールの作品はこの設定を借りつつ抽象化を進めたもの。いずれの振付でも最後に訪れるのは舞踊のエクスタシー、死の法悦だ。

《ボレロ：起源と魔力》では、ベジャールの振付が所々で引用される。偉大な先達へのオマージュだ。そして、終盤で音楽が転調する瞬間、ひときわ明るいライトが氷上を照らす。日の光が樹々の間から差し込み始めたのだ。その光のなか、削られて飛び散った氷の粒がダイヤモンドのように輝き、手を差し伸べる町田のポーズとともに、残像のように目に焼き付く。美しい瞬間。溶けはじめた氷に気づかず嬉々として滑り続ける男にこの後待ち受けるものは死しかない。その鋭い光はゲルマン神話の大神ヴォータンの槍の一撃だったのか。突然の音楽の終了とともに男は暗闇のなかに崩れ落ちる……。

初演以来、《ボレロ》には供犠としての死――踊り手がその身を生贄として神に差し出す姿が見える。町田が描いた氷上の男の死は、フィギュアスケートという芸術、そしてその芸術を愛する観客に捧げられたもののように思われた。

氷に倒れ伏した1人のフィギュアスケーターに、熱狂した観客の拍手が燦燦と降り注ぐ。

(2018年プリンスアイスワールド横浜公演)

# 町田樹振付作品

投稿企画「町田樹振付作品に贈る言葉」に多くのご応募をいただき、ありがとうございました。「町田樹さんの振付作品について」をテーマに、みなさまから熱いメッセージが寄せられました。応募総数3542本のなかから、編集部で選考した100本をここに掲載いたします。なお、今回寄せられたすべてのメッセージは、町田樹さんご本人にお届けいたします。

## 白夜行

《白夜行》で私は町田樹さんの演技に惚れました。そしてこの作品がセルフコレオと知ってさらに驚きました。血で染まった手、悲しい音楽、ほの暗い情景の中に浮かび上がる凄烈で純粋な愛。この物語を全く知らなかったのですが、自然に涙が出てきて心がふるえました。物語を読んだ後にもう1度見てみると、さらに胸が締め付けられました。フィギュアを見てこんな気持ちになったのは初めてで、今でも大好きな作品です。
（ばばげなさん）

フィギュアスケートはテレビで見るものと思い込んでいた13年の末私に革命が起こった。たまアリの2階席から《エデンの東》を滑り終えた町田さんにスタオベして「まっちーよくやった！」と叫んでいた。興奮が収まらない私はエキシビションも見に行った！《白夜行》青い衣装に赤い片手、悲しいやりきれない物語が町田さんの演技から蘇る。悲しい主人公2人の気持ちが振付から伝わってきた。私にとって忘れられない大好きな作品です。
（矢作富美子さん）

衝撃でした。感動でした。感謝でした。大好きな《白夜行》の世界がそのまま氷上で繰り広げられている。せつなく、愛おしく、狂おしく。桐原亮司がそこにいました。原作では触れられない桐原亮司の思いを町田樹が語ってくれました。何度観ても心が震えます。ありがとう。
（崎宮美恵子さん）

町田樹さん振付作品の処女作《白夜行》。悲惨な運命に翻弄され続け、最後には命を落としてしまう主人公。苦しみながら、迷いながら、ただ自分の信じる愛のために悪事に手を染めていく亮司の心の揺れ動く様を見事に表現されていた町田さん。その演技に惹き込まれ、涙が溢れて止まりませんでした。「町田樹が悲劇を演じると、こんなにも切なく美しく素晴らしい」という事が、世の中に周知される作品になったのでは…と思っています。（sugiさん）

震災の被害に遭い日常をただこなしているだけの日々の中、私はあれほど愛した音楽を忘れてしまっていた。
しかし町田さんの《エデン》に出合い、そして《白夜行》を見た時、涙とともに何年振りかで画面のメロディーを口ずさんでいた。苦悩も迷いも、ひとすじの愛で全て昇華し、進み、倒れるひとりの青年。そして音楽はただただ綺麗になった。
純粋で高潔な美は、見る者の心のすべてを浄化する。
そんな作品に出合えて本当に幸せだ。
（森湖さん）

《白夜行》は本当に衝撃的でした。血染めの衣装、美しい音楽、光から遠ざかり、苦悩と孤独を巡り、天へと伸ばされた腕。
小説もドラマも知らない私に町田さんはスケートで語りかけます。
主人公の秘めた思い、罪、愛する人と歩めぬ人生、そして迎える死を。
東野圭吾が敢えて描かない亮司の心情を町田さんが表現することで、町田さんは亮司の魂を浄化しようとしていたのでしょうか。圧倒的な表現力に心が震える作品です。
（西牧竜子さん）

《白夜行》が自作振付のスタートだったことは運命的だ。原作や音楽への深い理解が作品を生き生きと輝かせること、町田樹という人が創作意欲の塊であることに（本人も、観客も）気づく契機になったという意味で。ドリルのように回転が速くダイナミックなジャンプは、張りつめた亮司の心境を表現するのに欠かせないピースの1つ。結果的には、自作振付で唯一トリプルアクセルが組み込まれた作品となった。
（Marchさん）

フィギュアスケートにはそれまでも興味はあったものの、会場にまで足を運んでライブで観たいと強く思ったのはソチオリンピック後に動画で拝見した《白夜行》がきっかけでした。静かな曲調、闇とそこに注がれる一筋の光、静謐な演技。自然と涙がつーと流れたことには驚きました。転倒さえ一連の流れのよう。無性に泣きたいとき、《白夜行》を観て自分を空っぽにし、気持ちをリセットしています。町田さん、ありがとうございます！
（のりちゃんさん）

私は町田樹さんのファンになる以前からドラマ『白夜行』と河野伸さんが作曲された「白夜を行く」が大好きでし
た。なので町田さんの演技を初めて見た時は凄く衝撃的でした。まるで主人公・亮司が乗り移っているような…いえ亮司そのものです。愛する人のために罪を重ねていく亮司の苦しみや葛藤そして儚くて哀しい『白夜行』という物語の世界観が見事に表現されていて胸が締め付けられました。一生忘れることのない名プログラムです。
（マカロンさん）

福岡GPFのEXが特に印象的だった。倒れても、泥にまみれても、罪を犯しても、必死に愛する人を守り、愛を貫く主人公と町田さんがシンクロしていた。それは町田さんのフィギュアスケートにかける思いとも通じると感じて涙が止まらなかった。選手時代のあの年齢でなければ表現できなかったピュアで儚い作品。
（ちづるさん）

《白夜行》は、光と闇・善と悪・情熱と諦観といったものたちが溶け合わないまま混ざり合い、空間を静かに満たして深い青に回帰していくような印象でした。
ソチシーズンの緊張や高揚、ヒリヒリするような思いの記憶とともに、心にしっかり縫いこまれている作品です。
（HirokoSさん）

ラストに、小粋な仏蘭西映画を観た後のような爽やかな気持ちが胸に広がったのを覚えています。幸せそうに滑る町田さんを観て、こんな風に自分も楽しく滑ってみたい！と、スケートを習うきっかけにもなりました。
（華田舞さん）

## Je te veux

初めて生で観た町田さんの《Je te veux》。ワルツの調べに乗ったステップや小技の数々に、フィギュアスケートってこんなにも軽やかなものなのかとまず驚き、一瞬で作品に魅了されました。恋人への想いを滲ませた

《Je te veux》が大好きです。キレイな小箱に入れて、時々取り出して掌に載せて眺めたい。町田小劇場の、浮々したトウステップ、色っぽいブラケット、レイバックスピンの純情、ホップの高揚、少し切ないピヴォット、くるくるひらひら。恋、なんですね！ 小道具もスタイリッシュだな。薔薇色のスカーフの女性になるのは無理だけれど、8小節でいいから、あのワルツのステップをすべってみたいです。
（いばらさん）

私が町田さんの作品で最も印象的なのは《Je te veux》です。
軽やかで滑らかなスケーティング、流れるような指先まで美しい細やかな手の使い方、場面によって使い分けられる町田さんの素敵な表情、そして何より町田さんの表現力によって引き出された「愛」。
どこをとっても魅力的ですが、それは彼自身が作られたからこそのものでしょう。
町田さんの表現力は唯一無二。引退後も心の中で彼に「魅せられる」でしょう。
（高野愛梨沙さん）

《Je te veux》の衣装であるコートと帽子姿を見た時は映画「カサブランカ」のリックを連想しました。映画の2人を想起させるストー

# に贈る言葉

リーであるとも思ったからです。しかし現役最後の演技では恋焦がれた相手はフィギュアスケートそのものとして演じているのかもしれないと涙が止まりませんでした。ジャンプの流れの美しさは秀逸ですしとても密に作られている振付の全てが自然で軽やか。ロマンティックで大好きなプログラムです。
（小澤晶子さん）

《Je te veux》は、観る者に様々な物語を描かせる作品だと思います。私が描いた物語は……。
年老いた男が昔を振り返る。脳裏に浮かぶのは若かりし頃の日々。初めての恋。幸せな日々。大切な人。しかし、ある日彼女は逝ってしまう。

---

**投稿企画「町田樹振付作品に贈る言葉」**
**応募要綱**
- ●テーマ「町田樹さんの振付作品について」（200字以内）
- ●対象作品　白夜行／Je te veux／継ぐ者／あなたに逢いたくて～Missing You～／アヴェ・マリア／ドン・キホーテ ガラ2017：バジルの輝き／白鳥の湖：ジークフリートとその運命／ボレロ：起源と魔力
- ●応募方法　インターネット上の特設応募フォームへの記入
- ●応募期間　2018年8月8日〜8月31日

男は彼女を想い続ける。そして。最後の日、彼女が男のもとに迎えに来る。2人は手をとりあい……
愛、幸せを感じながらも、ちょっぴり切なくなる、魅力的で大好きな作品です。
（ろんろんさん）

いつも手に汗を握りフィギュアスケート「観戦」をしていた私に、作品として「鑑賞」することの愉しさを教えてくれたのが《Je te veux》だった。サティの軽やかなメロディーに合わせパリジャンのような装いの町田さんが登場する。女性とダンスをしているかのような踊りやラストの恍惚の表情。私はその滑りにある男と女の恋物語を連想した。まるで1本の映画を観ているかのようで町田さんの作る世界に魅了された。
（前川彩織さん）

> 《Je te veux》が大好きです。
> 多幸から哀愁まで、感情の機微を巧みに伝える表現力と、それを裏打ちする技術力。
> わたしの好きな町田樹が凝縮されたプログラムです。
> （Kumikoさん）

## 継ぐ者

私にとって最も衝撃的だった《継ぐ者》。ピアノの調べを静謐に表現しながらも、町田さんのフィギュアスケートに対する情熱が溢れんばかりだった。初めてPIW横浜で観た時は感動して号泣した。PIW東京大楽公演の迫力、凄まじさは町田さんの生命力そのものだった。あの演技を観られて、私は幸せでした。生涯忘れることはできません。あの演技後、涙を浮かべていた町田さんの姿も。
（高須紀子さん）

心が綺麗なものを欲する時に《継ぐ者》を観ています。音が鳴り町田さんが動き出すと別世界に引き込まれます。人間も含めた自然界全体の大きな世界を感じます。今井顕氏の優しくて哀しく力強い1音1音を丁寧に身体で奏でていて驚きます。鍵盤を叩く音とともにポンと跳ねる振付、曲に合わせた緩急のあるスピン、町田さんが音を大事そうに慈しんで滑るイーグルが大好きです。葛藤や受容、解放、継承と色々感じ取れるプログラムです。
（井上理江さん）

《継ぐ者》現役引退後初の演技という事で期待と不安半々で開演を待つ。研究の一環としてのショー出演。
前代未聞。この先どう応援して良いのか戸惑いがあった。
しかし、暗闇の中から両手一杯に広げた影が浮かんだ時から全ての不安は消え去った。まるで競技者としての翼を一度たたみ、新たな翼で天を目指すかのような舞。
日常に戻り通勤途中、公園の木漏れ日の中あの時の残像が浮かんだ。その先には光が満ちていた。
（夕日静恵さん）

現役引退直後の《継ぐ者》を見返す度、町田氏の決意と覚悟を感じ、その尊さにひれ伏す思いである。芸術性を損なわぬ楽曲を編集せず、6種類のジャンプを全て跳ぶ。この渾身の作品を見せることにより、彼が引退した真の理由を、無言を貫きながらも途方も無い説得力で、我々ファンに伝えてきていたあの時期。彼がどんなにフィギュアスケートを愛しているかを知り心が震え、彼が目指す世界を永遠に見ていきたいと思わせてくれた。
（はなはなみんみさん）

この作品に触れてから、私は世界の見方が変わりました。たとえば、街で流れる音楽に、ふと耳を傾けたとき。その曲は誰かが願いを込めて紡ぎ、思いを込めて奏でている。背景には、作曲者や演奏者を導いた人々や、そのわざが実を結ぶまでの長い時間を見守った人々がいるのだと感じられるようになりました。スケートだけでなく、音楽や芸術文化のもつ力、あたたかい光に満ちた世界を教えてくれた町田樹さん、ありがとう。（Megさん）

深い森の奥の小さな湖のほとりでユニコーンが水を飲みに来ている様が目に浮かびました。深緑の衣装と、深緑の照明のせいでしょうか。穢れから隔絶した世界の神々しさすら感じていました。《ボレロ》では霧の森の湖で男がスケートをしましたが、私の中では同じ湖と捉えています。このイメージの連鎖の発見は私にとっても大きな驚きでもあり、喜びでもありました。
（Temtemさん）

既にストーリーを持つ映画音楽やバレエ音楽とは異なる楽曲を使っているのにも関わらず、観る者に物語を紡がせる。
上半身の有機的な柔らかな動きが花びらを思わせ、蔦が絡まるかのように繋がっていく綿密なステップが「連綿たる生命の連鎖と継承」を心に植え付ける。
鬱蒼とした森の濃い緑の香りの中、見たことのない花を見つけたような気持ちにさせられる作品。
（hakka_33さん）

人間は、時に大事なことを忘れてしまう。"永遠なんて存在しない、だからこそ今この時を大切にしなければならない。"なんて、ともすれば当たり前のことも。町田さんの《継ぐ者》を観ると、そんな普遍的なことをハッとしながら思い出す。だから、初心を忘れかけた時には必ずこの作品を観る。呼吸、瞬きすら煩わしくなり、最初から最後まで惹きつけられて感動した、初めて生でこの作品を観た時のことを思い出しながら。
（のぞみさん）

《継ぐ者》を新横浜で拝見しました。まるで神聖な深い森の中にいるような、何か幻想を見たような演技でした。スポットライトは木漏れ日のようで観客の拍手は降り注ぐ雨の音のようにも聴こえ、町田さんの演技と会場が一体化した光景が目に焼き付いています。一音一音に沿う繊細な振付、多彩なジャンプ。選手引退直後というタイミングと町田さんの凄まじい努力と情熱が競技性、芸術性両方を高いレベルで実演可能にしたと思います。
（芝岡久美子さん）

衝撃の引退から7ヵ月、何がどうなって彼に何があったのか、という驚きが一番の作品。まさか町田樹が「精霊」に見える日が来るとは思わなかった。あたたかい音質の穏やかなピアノ曲に笑い1つない表情で休みなく変幻自在に舞う「精霊」はとても禁欲的で、でもかえってそれが妖艶にも見えて、という心ざわつかせる作品。女性と見紛う町田さんの身体のラインの美しさがけしからん！25歳男性なのに!!
（メイ・ユー・シューさん）

それまで培ってきた全てを慈しみ、次世代へ届けようとしている姿そのものでした。そして町田さん自身の、研究者という目標へ向けての「誓い」も感じ取れました。美しい旋律にのせて、フィギュアスケートの未来への「祈り」が表現されていました。それは会場全体を包み、私達観衆の祈りにもなっていたと思います。後進の皆さんも心を動かされたのではないでしょうか。町田さんの後を《継ぐ者》、きっと、現れます。
（Chiri-tsubuさん）

町田樹さんを「美しい」と初めて思ったのは、《継ぐ者》を観たときでした。それまで「格好いい」スケーターだった町田樹さんの底知れぬ美しさに、一瞬で心奪われました。音楽と振付は勿論のこと、照明や衣装、髪型、完璧なボディライン、氷の上を滑る音まで、全ての要素が町田樹さんが何者であるのかを示し、観客全てが町田樹さん、そしてフィギュアスケートに恋してしまいました。
（たかみーさん）

《継ぐ者》（2015年プリンスアイスワールド東京公演）　© S.Iba/Japan Sports

闇の奥から白い鳥がゆっくりと飛んでくる……幻想的なスタートからずっと、鳥が大空を舞っているような印象の《継ぐ者》。曲のアクセント部分にはジャンプが配置され、シューベルトの調べをスケート技術で見事に表現されていました。色彩を絶妙に変化させていく音楽の繊細さを、スピンやイーグルといった流れに体をゆだねるパートでより深く味わわせる構成で、見るたびに、受け継ぐべき尊いものへの憧憬にひたることができます。
（中原紗月さん）

現役引退後の初の作品《継ぐ者》。どうしても生で見たくて福岡から埼玉まで足を運びました。目の前の演技にただただ釘付けになったのを今でもよく覚えています。1つ1つの手の動き、6種類のジャンプ、スピン、ステップを全て見逃さないよう心に焼きつけるよう拝見しました。テレビでは感じることのできない会場の雰囲気やひやっとする透明な空気、氷上を滑る音、ブレードが氷を削る音、照明、衣装…全て一生忘れません。
（佐々木陽子さん）

私が印象に残っている作品は《継ぐ者》です。仕事の関係で友達から受け継いで来た文化や技術を後進に引き継いで行くにはどうすればいいかを考えている時にこの作品に出会い、涙したのを覚えています。人に何かを伝える時は言葉だけでなく、心から表現することの大切さを改めて実感し、今も迷った時にはこの作品を鑑賞しています。町田樹さん、本当にありがとうございました。
（そらみみさん）

何より一番注目し心惹かれたのは衣裳。光沢ある緑の下衣、滑らかな乳白色の上衣は裾が淡く緑に染められ身頃の先が結ばれキラキラが施され…素晴らしいのは袖口、たっぷりしたレースが手指をより優美に魅せる。背中に羽が見えるような不思議にも美しい衣裳、繊細なピアノ曲と緑の照明光と影が相まって、「森の妖精」のよう。森はフィギュアスケート、妖精は導き支える者へと志していくのですね。源泉のような《継ぐ者》敬愛します。
（Sayoさん）

## あなたに逢いたくて

《あなたに逢いたくて》の初演を観ました。イントロ3音目で会場中に走った、あの衝撃の空気感は忘れられません。最終公演では、前に座っていた男性の大きな手が何度も涙を拭っていたその光景の向こうに、「ひた向きに人を想う」ことを舞う町田さんの姿がありました。あれほどに歌詞と一体化した舞踊の力を見ることは、今後はないかもしれません。Jポップの素晴らしさにも気づかされた経験でもあります。人生の宝物を頂きました。
（八橋亜沙美さん）

競技でボーカル曲が解禁になった時歌手とスケーターが同じものを表現するんじゃなくて、掛け合いみたいな物が観たいなと思っていましたでも具体的にどういう物かは思い浮かんでいなかったので、《あなたに逢いたくて》を観た時は、これが私の観たかった物だ！と、とても感動しました。もう完成しているはずの楽曲にあんなにぴったりまるピースがあったなんて驚きです。素敵な作品をありがとうございました。
（はるさん）

《あなたに逢いたくて》は、歌詞1つ1つをスケートにのせて大切に表現する姿に胸を打たれました。特に町田さんの指先が綺麗でした。動きが風をまとったように柔らかく、想い合う2人の感情や温度まで読み取れるのです。この作品を見る度、こんな素敵な恋愛ができたらと思わずにはいられません。
それにしても、意外とも言える選曲にすんなり納得してしまったのは、町田さんのスケートに向き合う姿勢や情熱の賜物なのでしょう。
（柘榴さん）

《あなたに逢いたくて》は、男性的な印象で、胸元に手を差し込む姿や髪をかき上げる仕草は生々しいのに美しく、胸に迫ります。サビのメロディに乗せたイナバウアーとイーグルは、風を起こしながら目の前を過ぎていく姿があっという間に終わってしまった恋を表しているようでした。最後に自らの膝を抱き寄せ頬を寄せたとき、かすかに微笑んでいるようにも見えます。恋は戻らないけれど幸せだったんだろうなと、心が温かくなりました。
（はまだなぎさん）

暗い氷上に降り注ぐ歌声、シンプルなスポットライトの白い光…はじまりから惹きこまれる立ち姿、指の仕草。輪をくるりとくぐる。立ち止まって追いかける身振り。想いを抱いたイナバウアーと身を切るツイズル。すべての感情をたたみ込む短いステップから目を閉じて微笑むラストは切なく儚い…。時空をこえて届いた声に応えて舞い滑る《あなたに逢いたくて》は美しい古風な文学のように余韻ある作品だと思う。すてきです。
（つき波さん）

《あなたに逢いたくて》を初めて観た時、私は今までこの曲の歌詞を聴いているようで実は単に耳で聞き流していただけだったのだと気付きました。町田樹さんがこの曲で滑ると、歌詞の世界で起こった出来事をまるで自分が体験したかのように切なくなります。フィギュアスケートを「観て」いるはずなのに、歌詞1つ1つが心に届きました。まだ若い町田樹さんの人生において何があったのか…本当に不思議です。
（MarieAnneさん）

私が見に行く予定だった2016年東京公演の3日前に祖父がなくなりました。正直身も心も憔悴しきっていた私でしたが、両親の勧めもあり葬儀からそのまま行くことにしました。町田さんがその時披露した《あなたに逢いたくて》。曲の歌詞はもちろんですが町田さんの表情、振付、会いたいという気持ちが、その時ばかりは祖父とリンクしてしまい有り得ないくらい号泣してしまいました。終わった後、気持ちが軽くなりスッキリしました。
（金魚もなかさん）

この王道の曲使用に本当に驚いたし、PIWのその年のテーマに偶然に合ったという点でも、町田くんとPIWの縁の深さを感じる。演技中、「町田くんの演技に逢いたくて私もここまで来たのだ！」と、会場に足を運ぶことができたことに感謝の気持ちが沸いた。表情や仕草にもグッときた。
（松本ひろみさん）

《あなたに逢いたくて》を最初に鑑賞したとき、何よりそのスピード感に驚いたのですが、今となってはスピードなしには成り立たない熱情のプログラムなのだと思うようになりました。なかでも、そのスピードに乗って広がっていくバッククロスとイナバウアーがとても心に響きます。聖子さんの歌声もまるで空から降るようで、選曲の意外性の反面、もしかしたら一番スンナリと染み入る作品なのかもしれません。
（藤井紀子さん）

町田さんの作品は公演を重ねる毎に印象を変えていくのが凄いところだと思います。《あなたに逢いたくて》は横浜では想いを振り切るような印象だったのですが、最終公演のCaOIでは切ない想いを優しい想い出に昇華させたような印象です。
大好きな作品の1つです。
（まゆっちさん）

## アヴェ・マリア

吹奏楽部に所属していた学生時代、顧問の先生や先輩から「ロングトーンは一番大切な基礎練習だから、毎日必ずするように」と言われていました。ひたすら単調で、退屈だと感じる事も多かったロングトーンの練習ですが、それを極めた先には神々しいパフォーマンスが待っている。ロングトーンとスケーティングの練習は似ているなと思いました。
（AKIKOさん）

衣裳が私的に町田史上ナンバーワンです。ブーツは騎士のイメージ、上衣黒レースは喪服のヴェールのよう。黒装束の町田さんが両手を上げた先の、さいたまスーパーアリーナの天井ライトは輝く星々に見えました。フリーレッグのつま先まで伸びた美しさ、青いリンクを二つに切り裂いていく祈りと渇望のようなアラベスク。舞台としてのリンク空間の広がり、フィギュアの可能性を感じさせてくれた名作だと思います。
（永沼洋子さん）

黒のシンプルな衣裳が映えるライティング、ジャンプを一切跳ばない、リンクの端から端までのスパイラルは圧巻、全身から迸るパッションが心に刺さる《Ave Maria》はフィギュアスケートとは総合芸術なんだと教えて頂いたプログラムでした
（nakajiii.aさん）

祈りをテーマにした《アヴェ・マリア》、この手の作品世界は町田さん

の独壇場ではないかと思います。聖なるもの、不信に近い境地、敬虔さが音楽と一体となりつつ町田さんの美しい身体表現においてリンクで実在しているような感じが秀逸。モダンなセンスも良かったですしやはり内的表現に心動かされます。このようなテーマを表現できる町田さんの資質あっての演技である一方、人生経験を経ることが表現の強みとなる側面も感じました。　　（Ivanさん）

《アヴェ・マリア》はすべてが「格好いい」プログラムです。音楽が始まってからリンクイン、無駄な動きが一つもないトランペットの音色と一体化したスケーティング、ロングサイドをひと蹴りで端から端まで、そして素材感の違いでメリハリをつけた全身黒の衣装。ジャンプの排除…スケート界への祈り。一度きりだからこその演出・演技に込められた深い思想に、アーティストとしての町田さんを強く感じます。
（はしもとまみさん）

驚愕したのは《アヴェ・マリア》。曲が始まっても姿を見せず階段から登場し、美しいポーズ。緩急のある洗練された動作にジャンプが無いかもと気付けたのも演技終盤で、蒼い空間に天上から降るトランペットの音色で夢を見ている様。中盤のバッククロスからグッと伸びてスパイラルの流れと、ロングアラベスクが素晴らしくスケートの醍醐味を感じます。蒼い洞窟の祈り。見るたびに発見のある、既存では無い創作の提示を強く感じる作品です。
（ミケチロさん）

歓声を浴び、たっぷり時間を使ってポーズし、そっと優しく氷の上へ入っていくところから始まる《アヴェ・マリア》。
氷上が神聖で特別な場所であるという演出に、私は町田さんのスケートへの誠実さを感じ、心が震えました。一度きりのパフォーマンスでしたが、とても印象に残っています。
（N.Aさん）

マドンナブルーの照明の中、まるで体からトランペットの音色が発せられているかのように錯覚しました。《Ave Maria》はいつも静かで穏やかな気持ちにしてくれます。今年は個人的に色々なことが起こり、自分の心を落ち着けたいときはこの作品を見ています。精神的に辛かったときに町田さんの《エデンの東》に出会い、それ以来、思えばいつも町田さんの作品に救われていると感じます。沢山の光を見せてくれてありがとうございました。（悠子さん）

ジャンプがなかったことに気付いたのは、終わってしばらく経ってからでした。トランペットの音色に寄り添い、尚且つその中で繰り出される難しい技術。ロングトーンでのアラベスク60mは音源とぴったりで何度観ても鳥肌が立ちます。チェンジエッジのスパイラルを観ることが出来たのには、密かに興奮しました。ライヴ音源を上手く利用した傑作だと思います。
（朋子さん）

「アヴェ・マリア」の曲はみんながよく耳にしている女性ボーカルしか聞いたことがなく、トランペットに合わせたフィギュアのプログラムを見たことがなかったのでとても新鮮でした。HPのプログラムアーカイブで、ジャンプを取り入れる必要はないと書いてありますが、勇気がいったと思うし自信がないとできないですよね。町田さん、気づいてましたか？ ジャッジの方がスタンディングオベーションで称えてましたよ。お見事でした！　　（上松純子さん）

## ドン・キホーテ

バレエが好きな私にとって全幕作品としておなじみのもの。フィギュア用に4分程度に編曲されたものではなく、曲を損なわず独自の3幕構成にするといったことに驚かされかつ町田さんらしさを感じました。尋常ではないスタミナに驚きました。バジルのヴァリエーションからはじまり2幕目にアダジオを持ってくる斬新さ！ キトリがみえるような愛が詰まった振付！ 楽しさ溢れる高速コーダ！ 心躍る作品です。
（Yuming♪さん）

《ドン・キホーテ》は、バレエ好きの私にとって、一番好きな作品である。こんな町田樹が見たかったと心から思える作品だ。町田さんの美しいポーズ、キレのある動き、まさに舞台でバレエを観ている様な華やかさがある。そして、私がこの作品で最も惹かれるのは、町田さんの幸福そうな輝く様な笑顔が、いっぱい見られる事である。とにかく、可愛すぎる。　　（竹村佳美さん）

《ドン・キホーテ》、滑り始めから終わるまで最高のプログラムです！ 大好きです‼ 瞬きできなかったのを覚えています。　（いっしーさん）

現役引退後のセルフコレオ作品はすべて現地で観ましたが、《ドン・キホーテ》は観客の手拍子や拍手も作品の一部となって、町田さんと一緒に作品を完成させていくように感じられて、一番好きな作品となっています。
リンク全体を笑顔で駆け抜けて生きる歓びを伝えていく第3幕開幕を待つ間、観客の拍手が徐々に会場一体となっていくところは毎回心が沸き立ちました。
（るるるさん）

《ドン・キホーテ》の魅力はなんと言っても青年バジルその人の、外側へ発するエネルギーの豊かさだと思います。
身体的におそらく目一杯の体力を使い、1幕、2幕とあれ程の運動量をこなしながら、3幕でまさしく「自由闊達」に飛び跳ねる様は、まるで小さな太陽のようです。
バジルの輝きは、その内から放たれるまばゆい生命力そのものでした。
（2254さん）

《ドン・キホーテ》は、学術研究の方法論を用いて制作された稀有な作品である。私は研究者だが、研究は無から有を作るものではなく先行研究の成果を基盤に新知見を提示するものである。本作も、先行するバレエやフィギュア作品を時代・洋の東西を問わず緻密に分析した上で、バジルの個性を3幕に分け具現化しその生命を讃歌するという独自の作品となっている。研究者・町田樹の誕生なくして、本作と以後2作品の誕生は無かっただろう。
（脇 智子さん）

《ドン・キホーテ》ほど幸せな気持ちになれるフィギュア作品が他にあったでしょうか。第3幕で会場が一体となるあの興奮は一生忘れられません。
また、私は楽器を演奏するので、演奏する者としてもこの作品には興奮させられました。特に第2幕のトリルやターンといった装飾音、フレーズの終わり方など、演奏上とても繊細な部分まで丁寧に掬い上げ、身体と表情で実に美しく表現されていたのには本当に驚き感激しました。
（矢野睦美さん）

町田さんの作品の魅力は、フィギュアスケートだけでなく背景の音楽やバレエ、お話に至る知識欲を刺激され世界が広がるところです。精巧なプログラムの中に謎解きも含まれ推理小説のように、より一層虜になります。
特に《ドン・キホーテ ガラ2017》は、総合芸術であり観衆参加型という革命的な作品です。幼少期よりフィギュアスケートに憧れてきた私にとって観衆として作品の一部になれた事は喜ばしいと同時に誇りです。
（tokoさん）

すべての作品、大好きなのですが、何回観ても楽しいのは《ドン・キホーテ》。切れの良いジャンプと美しいポーズで氷上のバレエダンサーとして魅了された第1幕。やわらかなスケーティングやスパイラルなどと可愛いく爽やかな笑顔を見せて下さった第2幕。そして軽やかで小気味の良いステップで正に祝祭空間と化した第3幕。本当に楽しく心躍り、見終わった後、とても幸せな気持ちで満たされました。樹君のバジル、最高です！　　（うた子さん）

第3幕で歓びに満ちたバジルが再登場すると同時に、待ってましたと鳴り響く手拍子。一瞬にして広がった祝祭空間とその中を駆け巡り踊るバジルが爽快で、手を打つ音にも力が入りました。バジルと一緒に祝祭空間を作れた事はとても幸せです。いつまでも祝祭のバジルは私の心の中で輝き続けています。そんなバジルを作り上げた町田さんに感謝の気持ちで一杯です。後日、腕が筋肉痛になったのも良い思い出になりました。　　（真樹（まき）さん）

《ドン・キホーテ》は、驚きと楽しさで幸福感を与えてくれた作品です。目を見張る9つものジャンプ、花が舞うようなスピン、キレッキレに踊るステップ、バレエのような振付、くるくる変わる豊かな表情に生きる歓びに溢れた笑顔、どれも最高です。幕から飛び出てくる演者を手拍子で迎える3幕、バジルの世界にいるような祝祭空間が、楽しくて仕方がなかった。腰に手のジャンプ、各幕毎のフィニッシュポーズが、すごくかっこいいです。
（沢田良子さん）

抜群の完成度と溢れかえるエネルギー。

バジルは町田樹の中にいる人物だと感じます。生きる喜び、愛し愛される喜びを体いっぱい受け止めていられる素直で明るい人。

悲劇や悲恋を演じても、いつもそこに絶望はなかった。どこかに光があった。それは町田樹がバジルだったからなのでしょう。何を加えなくても何を引かなくても、そこにバジルがいたからこその完成度とパワーかと感じました。（sazamiさん）

## 白鳥の湖

ただ一度の上演のために準備された、振付・衣裳・靴・音楽・照明そして公式サイトとテレビでの解説。それら全てを目を瞠るレベルで実行してしまうところが、まさにプロスケーター町田樹の真骨頂でした。

Atelier t.e.r.m版《白鳥の湖》は、おそらく近い将来「プロデューサー町田樹の萌芽はここにあった」と評されることになるであろう作品だと思います。（ほんだけいこさん）

直前まで秘密だったのでスリリングだった。しかももったった1回の上演。私は、町田さんの軌跡が見たくてだいぶ上方の席で氷を見渡す事のできるロングサイド。3部構成のバレエ…いや演劇のような演技！なによりダイナミックな照明の効果がとても良く見え、湖・豪華な宮殿の大広間・漆黒の闇から不吉を表す赤・黄泉の国のラストなどを表現されていて舞台装置のある作品を感じました。（Mogさん）

ジークフリートという青年の心情に焦点を当てた《白鳥の湖》は、バレエ作品よりもはるかに短い時間でありながらも、その表情や動きによって丁寧にストーリーが語られていて、最も多弁な作品だと感じています。肉体の死の向こう側に描かれる魂の自立はあまりにも清らかで、美化されていて、だからこそ苦悩や絶望に満ちた「生」がいっそう愛おしく思えました。（fujiさん）

《Swan Lake》シビレました！演劇を観ている、舞台を観ている感が一番あった。ジークフリートの様々な感情が胸に突き刺さってくる"独白劇"だな、と。後でバレエのマイムがたくさん取り入れてある事を知り、フィギュアスケートの技にも落とし込んでいるし色々な見方ができると思ったけれど、"舞踊劇"と呼ぶのが一番しっくりきます。素晴らしい！（匿名希望）

とにかく胸が高鳴り、最後まで目が離せなかった《白鳥の湖》。物語自体に妖気をはらんでおり、町田さんの様々な表情、特に魂を支配されているかの様な不敵な笑みが印象的。マイムや衣裳、照明が効果的に加わり、最後まで一気に魅せてくれました。

初見は現地でしたが、フェンスぎりぎりの3ルッツに痺れ、直後の何度も手を伸ばし続ける姿にグッときました。演技は（命も）ただ一度限り。ドラマティックすぎました。（伊藤元子さん）

さいたまスーパーアリーナで見る氷上の舞台、《白鳥の湖》は本当に素晴らしかったです。私が観た位置からは客席が真っ赤なライトに照らされていて、客席までも舞台の1部として使われていること、まさかスケートの作品でそれが実現するとは考えたことも無かったので、感動と共に鳥肌がたちました。

1度きりの作品に立ち会えたこと、本当に幸せでした。町田さんをはじめ、音響や照明すべてのスタッフの方々にも拍手を送りたいです。（さとみさん）

《スワンレイク》について、フィギュアスケートでここまで大きなスケールの作品がシングルスケーターで、できることに驚きました。舞台照明、振付、音楽編集、3幕のストーリー構成、そして町田さんの素晴らしいテクニックと表現力に、ただただ驚きました。またTV放送の際に加えられたナレーションは、作品を楽しむエッセンスとなっていました。映像作品としても、フィギュアスケートの新たな可能性が示された、傑作だと思います。（中村和美さん）

頭では理解していた「フィギュアスケートは総合芸術である」いう町田樹の言葉を身に知らしめてくれたのが《白鳥の湖》の舞台だった。町田樹はわずか数分で物語の喜怒哀楽全ての感情を滑り抜けて見せ、それだけに留まらない。照明効果をも自在に操り、登場人物の心情を観客の心にも深く刻んでみせた。血を思わせて不吉に赤黒く染まった氷面を見た、その戦慄は今も衝撃とともに記憶に残っている。（詠み人しらずさん）

まるで舞台やバレエを観ているような、そんな気分になった《白鳥の湖》。空間まですべてが美しく、特にスポットライトに照らされて浮かび上がる白が印象的でした。もちろん滑りも美しかったです。動きの1つ1つからジークフリートの心が伝わってくる圧巻の表現力、ピンと背筋の伸びた立ち姿、現役さながらのジャンプ。どこをとっても美しい、まさに氷上舞踊劇。町田さんにしか表現できない世界。本当に素晴らしい大好きな作品です。（えりぃさん）

## ボレロ

美しい身体表現に哲学的な物語を内包するような町田さんの作品に心惹かれます。神が人に降り、人が神の領域に入る芸術の起源と、飽く無き探求心で表現の高みを極めようとする人間の終着点を《ボレロ》に観たように思います。

フィギュアスケートに関しても、それ以外の事でも。これからのあなたの日々が実り多いことを願ってやみません。どうか美しい人生をお送りください。（久美子さん）

初めて生で見たスケートプログラムが、《ボレロ》でした。静寂で引き込まれ、照明と対峙するような席で、ラストでは逆光の中に消えていく町田さんにすっかり囚われ、気づけば涙を流しながら呆然としていました。「いったい私は何を見てしまったのだろう…」と感動のあまり頭の整理がつかないまま帰路についたことを覚えています。なぜ町田樹という男をもっと早く知れなかったのかと…！本当に、大好きなプログラムです。（ぺゆかさん）

町田さんの演技には常に「何かに恋い焦がれそれを追い求め続ける青年」という漠然としたイメージを持っていましたが、《ボレロ：起源と魔力》ではそれが「様々な経験を経て自信と貫禄を身に付けた大人の男性」に変わったように感じました。20代後半は一般的に、心技体のバランスが最も取れている時期と思います。その時期に今までの集大成となる大作を完成させ、私たちを驚かせてくれた町田さんに最大の賛辞と感謝を送ります。（しいたけさん）

右裏からみる《ボレロ》は、対岸の1灯によって逆光となった、モノクロの世界。しかし全方向の照明が点灯した瞬間、鮮やかなサッシュベルトが浮かび上がり、世界が色づきます。この席の観客のみ味わえる、神秘的な瞬間でした。やがて太陽が高く昇ると、手をかざすほどのまぶしさに視界を奪われるのですが、まるで森のなかで「男」をのぞき見ているような、不思議な感覚になりました。町田さんに町田さんを見せたいほど素敵でしたよ。（まゆさん）

町田樹の魅力を一言で表すならば「中毒性」だ。そんな彼を象徴する最たる作品が《ボレロ：起源と魔力》であるように思う。1人の男がフィギュアスケートに開眼してく様は町田樹のスケート人生そのものであり、またその演技に魅了された私達観客をも体現していると思う。彼自身の解説を聞くと、私ごとき素人には考え及ばない深い世界観が込められていると知る。だが美しく織り上げられた彼の罠は無知な私さえ優しくからめとるのだ。（橋口牧子さん）

いつかは演じるだろうと思っていた《ボレロ》。単調なメロディの中に組み込まれた背景に驚き、興奮しました。湖面を滑る男の狂気、その狂気が死へと向かう事すらも、美しいと思える。観る側こそが、取り憑かれてしまう圧倒的な世界観でした。

好き嫌いの次元じゃないんです。《ボレロ》には本能レベルで惹き込まれました。終わってもスタオベ出来ず、魂を抜かれるとはまさにこのことでした。コンパルソリーから徐々に複雑な動きになりジャンプが加わりそれに伴い音も要素が増えていき……シンプルな構成が逆に胸を強く打ちます。振付も1つ1つ型があるようで印象的でした。終盤のバレエジャンプでは呼吸も忘れ、暗転でようやく息を吐く。心は完全に割れた氷に落ちたままです。（ゆり子さん）

音楽、照明、衣裳、肉体、そして情熱。感性だけでは成立しない分野を確立した瞬間に立ち会えた事に感謝します。町田さん、私の世界を変えてくれてありがとう。本当にありがとう。
（ユーラスさん）

全ての作品に敬意と賛辞、そして感謝を。感想は《ボレロ》。音楽、照明、舞踏、物語、演者、総てが各々の魔力を帯び見事に融合した作品。どれが欠けても成し得ない総合力の芸術。制作陣の熱意と拘りを今迄以上に感じた。舞いを奉納する儀式のようにも見え、恍惚の面差しと共に神の手に堕ち、最期は自身を献上したかのように思えた。劇場でバレエを観ている錯覚。然し氷上でしか表現出来ない動き。違和感のない融和に心酔いした名作。
（島崎淑美さん）

「ボレロ」の音楽に太陽が昇って行く情景と一人の男の物語が見事に調和しており、最後の一音で氷を踏み抜き氷上から消える発想も秀逸。バレエの世界観を壊さないまま独創的な振付・照明・演出で、斬新で生命力に満ちた世界を観せてくれた。左右対称で躍動感のある踊りとジャンプ、取り憑かれて行く男の狂気の表現、身体の美しさを引き立たせるシンプルな黒の衣裳、素晴らしかった。氷上の《ボレロ》として後世の人々にも踊って欲しい傑作。
（渡辺公美さん）

楽器の起源は舞踊の足踏みと聞く。踊る事と奏でる事は切り離す事ができない物。《ボレロ》は踊りであり音楽だった、確かにフィギュアが1つの舞踏ジャンルであると証明して見せた。スケートと同時に音楽の起源の物語でもあったと思う。無限の可能性を見せて貰った。∞の軌跡は奇しくも無限大。男は氷上に死すとも、魂は伝えられ踊り続け芸術の花が咲く事を願う。この作品を生で見られた幸運に感謝。興奮と喝采、光と影が忘れられない。
（旅人さん）

2018年8月18日の《ボレロ》について。
長年の念願が叶いやっと実際に町田さんの演技をこの目で見ることができました。
氷を蹴る音があんなに大きく聞こえていたとは。クライマックスに近づくに従って町田さんが本当に魔力に取り憑かれてしまったかのような没入感。悲劇的な結末のはずなのに町田さんの全身からスケートを滑る喜びが溢れ、男は幸せだったのだろうな、と泣きました。間に合って良かった、と心から思います。
（Rumikoさん）

町田氏の作品は「どの方向から見ても楽しめる」という点に魅力がある。特筆すべきは《ボレロ：起源と魔力》である。幾何学的な肉体表現による四方向へのアプローチは、今までのフィギュアスケートの概念をまったく覆す新しい挑戦であった。今年5月、ボレロを初めて会場で観ることができたが、後から、この挑戦が身を削る努力によるものであったと知った。町田樹というスケーターが、全力で挑戦し続けた雄姿をいつまでも忘れない。
（岩島小梅さん）

公演初日に《ボレロ》を初めて観た時、頭に浮かんだのはあの「極北」という言葉でした。この作品は演じるには気力、体力共に本当に大変だと思いますが、観る方も気楽に観るというわけにはいかず、観客席の緊張感を最も感じた作品でした。
スケートに魅入られた「男」のように、作品の世界に魅入られ、息をするのも忘れてしまいそうになります。町田さん、私たち観客を究極の場所まで連れて行ってくれて、本当にありがとう。
（RIEさん）

《ボレロ》：町田君の演技を生で見たい！と衝動に駆られ、見に行きました！人生初っ！初演で前情報も無く、ひたすら目の前の演技に吸い込まれ、物語に自分自身も入り込む様でした。最後、クライマックスで照明が一瞬にして姿が消えた後、心臓がドキドキし、放心状態になりました。フィギュアのエンターテイメント的なショーも好きですが、町田樹くんの目指す世界観や真摯な姿、真剣勝負は試合に通ずるようで新鮮でした！ありがとう！
（はっちーさん）

## 町田樹振付作品

町田氏は多くの人が共感できることを誰よりも早く作品という形にしてきました。連綿たる連鎖の中に存在することをコンセプトにした《継ぐ者》、ジャンプを組み込まない《アヴェ・マリア》、全3幕構成の《ドン・キホーテ》等、どの作品も「そういう表現方法があったのか！」と感動し、解説を読めば「なるほど！」と共感できるものばかりでした。0から1を産み出すことの尊さ、素晴らしさに立ち会えた幸せな5年間に感謝します。
（白鷺さん）

> 指先から足先まで全てに、美と哲学と物語と、さまざまな想いが詰まっていて、それを伝えたいという気持ちに溢れている。それが伝わるから観客は全てを汲み取ろうと身を乗り出して一挙手一投足に魅入るのだろう。どんな新しい世界を見せてくれるのか、幕開けでは期待を持って身を正し、期待以上のものを見せられてその想いや美しさに最大限の賛辞を送る。誰にも真似できない世界だ。
> （hinataさん）

アイスショーの見方が変わった。以前はその場で動きと音楽を楽しんでいただけだった。町田さんのもそれだけでも充分に感動できるが、まず本人の解説を公式等で読む。載っている先人の演技をネットやDVDで観る。今回の制作意図を自分なりにつかむ。テレビ収録あれば観て振りを頭に入れる。予習をしてから観るともっと深く味わえるとわかった。歌舞伎やバレエと同じ。フィギュアが他の芸術と同じ深みに至ったのは町田さんの偉業。
（Sherryさん）

町田樹の作品は純文学だ。どの振付もテーマや曲調、ジャンルは違えど魂と純粋な愛が溢れている。そして、当人の生き方や情熱も作品とリンクし町田樹物語となるのだ。その物語を自身が舞台俳優となり、演じきれる表現力とたゆまぬ努力で掴んだ技術と天性の肉体美を持って紡ぎ出している。またそこに発信する美しい日本語や文章も含めて、町田樹は純文学だ。あなたの世界、唯一無二の作品を魅せてくれてありがとう！
（hanyata1975さん）

町田君の作品は、ショーケースに綺麗に並べられているケーキのようです。毎年春にはパティシエ（町田君）が腕によりをかけた新作が店頭に並ぶんです。それを今か今かと待っているお客の1人が私でした。素材・色・味・形・コンセプト、がんこパティシエのこだわりが詰まったケーキ達が大好きで、何度も通い詰めました。今日は、《ジュトゥヴ》の気分です。キリッとポーズを決め、女性をダンスに誘うところ、素敵ですよね。
（日日草さん）

最大の魅力は360°を意識した作品作りだ。フィギュアの特徴である全方位から鑑賞することを徹底的に考え、東西南北全てに見せ場をふんだんに盛り込んである。加えて座席の前方のみならず、最後方でも存分に楽しめるよう計算されている。《あなたに逢いたくて》で感じた後半の加速するスピードは俯瞰で観たからこそだと思った。あらゆる位置から何度でも鑑賞したいと毎作品思う。お陰でPIWには随分通いました（笑）
（柴わんこさん）

町田さんの作品には空間を変える力がありました。リンクという限られた空間を、ある時は劇場に、ある時は自然の湖畔にと多様に変化させました。フィギュアスケートの新たな表現方法を確立させたと感じています。作品に込められたメッセージを深く理解したく、私自身もバレエを習い始めました。町田さんの作品に触れることで、自らの世界が広がっていくことを感じています。様々な世界を魅せてくれた町田さんに最大限の感謝を。
（麻美さん）

町田君の演技に惹かれる理由に得も言われぬ色気がある。《ジュ・トゥ・ヴ》は勿論のこと、《継ぐ者》のアガペーの発露の中にも、《アヴェ・マリア》の敬虔な祈りにさえそれを感じるのだ。《逢いたくて》で切なさに泣き、バジルの明るい色気に微笑ましくなり、亮司やジークフリートの苦悩にも辛い一方ではない曙光と微かな色気を感じる。圧巻の《ボレロ》は男の狂気をはらんだ色気に息をのむ。それらを色彩ごとに渾身で演じきる町田樹は正にダイヤモンド。
（Keiko Takeuchiさん）

私にとって、町田さんの振付作品は「新たな世界への扉」でした。過去のフィギュアスケートの名演やバレエ作品はもちろんのこと、小説や詩、さらには学問の領域まで、私の世界を次々と拡げてくださいました。大げさではなく、自分の人生を豊かにしてくれた作品たちです。時に、町田さんの演技は「言葉」であり、私はその独特の言語世界の虜でもありました。数々の振付によって「語られた」芸術作品たちを、これからも愛し続けます。
（Luvjoinersさん）

得点や順位をつけるための演技ではない。観る者に贈られたギフトだ。それが芸術なのだ。そして、その芸術を生み出すためにどれほどの力が注がれているのか…そこに観るものはまたもう1つの感動をする。それがプロなのだ。その事を町田樹さんの作品は教えてくれた。
もうリンクの上で観ることはできないが、残された映像がいつまでも様々な感動と力を与えてくれる。色褪せることない最高のギフトをありがとうございました。
（高田智恵子さん）

《ボレロ：起源と魔力》演技後（2018年プリンスアイスワールド広島公演）　© J.Song/Japan Sports

# 町田 樹 おもなプログラムリスト

## ボレロ：起源と魔力
2018年
監修・衣裳原案：Atelier t.e.r.m
振付：町田 樹
音楽：「Boléro」
[UCCD-5044, Decca Music Group, 1989年]
作曲：モーリス・ラヴェル
指揮：シャルル・デュトワ
演奏：モントリオール交響楽団
音楽編集：矢野桂一
衣裳協力：設楽友紀
照明協力：株式会社 東京舞台照明（PIW）

## 白鳥の湖：ジークフリートとその運命
2017年
監修・衣裳原案：Atelier t.e.r.m
振付：町田 樹
音楽：「The Swan Lake, op.20」より
[UCCP-1124/5, Decca Music Group, 2007年]
作曲：ピョートル・チャイコフスキー
指揮：ヴァレリー・ゲルギエフ
演奏：マリインスキー劇場管弦楽団
音楽編集：矢野桂一
衣裳協力：設楽友紀

## ドン・キホーテ ガラ 2017：バジルの輝き
2017年
監修・衣裳デザイン：Atelier t.e.r.m
振付：町田 樹
音楽：「Don Quixote」より
[8.557065-66, NAXOS, 2003年]
作曲：レオン・ミンクス
指揮：ナイデン・トドロフ
演奏：ソフィア国立歌劇場管弦楽団
音楽編集：矢野桂一
衣裳制作：設楽友紀

## アヴェ・マリア
2016年
監修・衣裳デザイン：Atelier t.e.r.m
振付：町田 樹
音楽：「Ave Maria」
「Chris Botti in Boston」収録
[UCCU-1260, Decca Music Group, 2009年10月]
作曲：フランツ・シューベルト
指揮：キース・ロックハート
演奏：クリス・ボッティ（トランペット）／ボストン・ポップス・オーケストラ
音楽編集：矢野桂一
衣裳制作：伊藤聡美

## あなたに逢いたくて〜Missing You〜
2016年
監修・衣裳原案：Atelier t.e.r.m
振付：町田 樹
音楽：「あなたに逢いたくて 〜 Missing You〜」
[PHDL-1061, マーキュリー・ミュージックエンタテインメント株式会社, 1996年4月]
ヴォーカル：松田聖子
作詞：松田聖子
作曲：松田聖子／小倉 良
音楽編集：矢野桂一
衣裳制作：設楽友紀

## 継ぐ者
2015年
監修・衣裳原案：Atelier t.e.r.m
振付：町田 樹
音楽：「Impromptu in G Flat, Op.90/3, D899/3」
作曲：フランツ・シューベルト
演奏：今井 顕（ピアノ）
音楽編集：矢野桂一
衣裳制作：伊藤聡美

## 交響曲第9番
2014-2015シーズンFS
振付：フィリップ・ミルズ
音楽：「Symphony No.9」
作曲：ルートヴィヒ・ヴァン・ベートーヴェン
演奏：ウィーン・フィルハーモニー管弦楽団
指揮：レナード・バーンスタイン
音楽編集：Studio Unisons
衣裳原案：Atelier t.e.r.m
衣裳制作：伊藤聡美

## ヴァイオリンと管弦楽のための幻想曲
2014-2015シーズンSP
振付：フィリップ・ミルズ
音楽：「Fantasy for Violin and Orchestra」
作曲：ナイジェル・ヘス
演奏：ジョシュア・ベル（ヴァイオリン）
音楽編集：Studio Unisons
衣裳原案：Atelier t.e.r.m
衣裳制作：設楽友紀

## Je te veux
2014年EX
振付：町田 樹
音楽：「Je te veux」
作曲：エリック・サティ
演奏：羽田健太郎（ピアノ）
音楽編集：矢野桂一
衣裳：伊藤聡美

## East of Eden – Celebration –
2014-2015シーズンEX
振付：フィリップ・ミルズ
音楽：「Finale」
ドラマ「エデンの東」オリジナルサウンドトラック収録
作曲：リー・ホールドリッジ
演奏：ロンドン交響楽団
衣裳：伊藤聡美

## 火の鳥
2012-2014シーズンFS
振付：フィリップ・ミルズ
音楽：「The Firebird」
作曲：イーゴリ・ストラヴィンスキー
演奏：新日本フィルハーモニー交響楽団
指揮：久石 譲
音楽編集：Studio Unisons
衣裳：設楽友紀／ジャン・ロングマイヤー

## エデンの東
2013-2014シーズンSP
振付：フィリップ・ミルズ
音楽：「Finale」
ドラマ「エデンの東」オリジナルサウンドトラック収録
作曲：リー・ホールドリッジ
演奏：ロンドン交響楽団
音楽編集：Studio Unisons
衣裳：設楽友紀／伊藤聡美

## 白夜行
2013年EX
振付：町田 樹
音楽：「白夜を行く」
ドラマ「白夜行」オリジナルサウンドトラック収録
作曲：河野 伸
音楽編集：長峰直人
衣裳：設楽友紀

## F.U.Y.A.
2012-2013シーズンSP
振付：ステファン・ランビエル
音楽：「F.U.Y.A.」
作曲・演奏：C2C
衣裳：設楽友紀

## ロシュフォールの恋人たち
2012-2013シーズンEX
振付：宮本賢二
音楽：「Finale」
映画「ロシュフォールの恋人たち」オリジナルサウンドトラック収録
作曲：ミシェル・ルグラン

## DON'T STOP ME NOW
2010-2013シーズンEX
振付：荻山華乃
音楽：「Don't Stop Me Now」
作詞・作曲：フレディ・マーキュリー
演奏：Queen
衣裳：設楽友紀

## Aranjuez
2011-2012シーズンEX
振付：荻山華乃
音楽：「Aranjuez」
作曲：ホアキン・ロドリーゴ
演奏：ハーブ・アルバート（トランペット）
衣裳：設楽友紀

## ドン・キホーテ
2011-2012シーズンFS
振付：ステファン・ランビエル
音楽：「Don Quixote」より
作曲：レオン・ミンクス
衣裳：設楽友紀

## 黒い瞳
2010-2012シーズンSP
振付：宮本賢二
音楽：「黒い瞳」
演奏：ラカトシュ・アンサンブル
衣裳：設楽友紀

## Legends of the Fall
2010-2011シーズンFS
振付：阿部奈々美
音楽：映画「Legends of the Fall」オリジナルサウンドトラックより
作曲：ジェームズ・ホーナー
衣裳：設楽友紀

## カサブランカ
2009-2011シーズンFS
振付：阿部奈々美
音楽：映画「カサブランカ」オリジナルサウンドトラックより
作曲：マックス・スタイナー
衣裳：設楽友紀

## タンゴ・ジェラシー
2009-2010 シーズンSP
振付：荻山華乃
音楽：「Celos」
作曲：ヤコブ・ゲーゼ
演奏：葉加瀬太郎（ヴァイオリン）
衣裳：設楽友紀

(2018年9月現在)
参考：町田樹公式WEBサイト　tatsuki-machida.com

決定版作品集
# 「そこに音楽がある限り」
――フィギュアスケーター・町田樹の軌跡――

Atelier t.e.r.m：編著

2019年夏 発売予定
http://www.shinshokan.co.jp/tatsukimachida/

SHINSHOKAN

© J.Song/Japan Sports

## 町田 樹

1990年3月9日、神奈川県生まれ。3歳からフィギュアスケートを始める。2013年全日本選手権で2位となり、ソチ・オリンピックに出場。団体戦5位、個人戦5位入賞。翌月の世界選手権では初出場で銀メダルを獲得。2014年12月28日、全日本選手権最終日の世界選手権代表発表の場で、競技引退を電撃発表。2015年以降、大学院で研究者の道を進みながら、プリンスアイスワールド、カーニバル・オン・アイスなどで自ら振付け、自ら滑る作品を発表。テレビ解説者としても活躍。2018年6月、自身の公式サイトで、同年10月6日をもって、プロスケーター引退を表明。

## おもな戦績

2014年 ソチ・オリンピック個人戦5位
2014年 ソチ・オリンピック団体戦5位
2014年 世界選手権2位
2010年 四大陸選手権2位
2014年 ISUグランプリシリーズ　スケートアメリカ優勝
2013年 ISUシリーズ　スケートアメリカ優勝
2013年 ISUグランプリシリーズ　ロステレコム・カップ優勝
2012年 ISUグランプリシリーズ　カップ・オブ・チャイナ優勝
2013年 第82回全日本選手権2位

## 2018年現在

2017年〜 早稲田大学大学院スポーツ科学研究科
　　　　　博士後期課程 在学中
2018年〜 慶應義塾大学・法政大学 非常勤講師

2018年プリンスアイスワールド広島公演
© J.Song/Japan Sports

## ワールド・フィギュアスケート別冊 町田樹の世界

2018年10月6日発行
発行所：株式会社 新書館
編集：〒113-0024
東京都文京区西片2-19-18
TEL 03-3811-2851
FAX 03-3811-2501
営業：〒174-0043
東京都板橋区坂下1-22-14
TEL 03-5970-3840
FAX 03-5970-3847
表紙・本文レイアウト：
SDR（新書館デザイン室）
協力：Atelier t.e.r.m
ジャパンスポーツ／CIC
プリンスホテル／テレビ東京
IMG／広島ホームテレビ
日本舞台芸術振興会
K-BALLET COMPANY
日本スケート連盟／ISU
印刷・製本：株式会社 加藤文明社
©2018 SHINSHOKAN
Printed in Japan
＊本誌の無断複製（コピー、スキャン、デジタル化等）並びに無断複製物の譲渡および配信は、著作権法で禁じられています。

**World Figure Skating**
Shinshokan Co., Ltd
2-19-18, Nishikata, Bunkyo-ku,
Tokyo 113-0024 Japan
Tel +81(0)3 3811 2851
Fax +81(0)3 3811 2501
www.shinshokan.co.jp/abr/
Nothing may be reprinted in whole or in part without written permission from the publisher.

ワールド・フィギュアスケート編集部の
Twitterはこちら➡ @WFS_JP
https://twitter.com/WFS_JP